RAÍZES

Cultura popular brasileira

Cultura popular brasileira

Alceu Maynard Araújo

Fotografias do autor
Desenhos de Oswaldo Storni, Osny Azevedo,
do autor e de outras fontes

*Copyright © 2007, Livraria Martins Fontes Editora Ltda.,
São Paulo, para a presente edição.*

1ª edição *1973*
Edições Melhoramentos
3ª edição *2022*

Transcrição das partituras
Victor Steiner Ferreira
Acompanhamento editorial
Helena Guimarães Bittencourt
Revisões
Alessandra Miranda de Sá
Ivani Aparecida Martins Cazarim
Dinarte Zorzanelli da Silva
Produção gráfica
Geraldo Alves
Paginação
Moacir Katsumi Matsusaki
Capa
Marcos Lisboa

Dados Internacionais de Catalogação na Publicação (CIP)
(Câmara Brasileira do Livro, SP, Brasil)

Araújo, Alceu Maynard, 1913-1974.
  Cultura popular brasileira / Alceu Maynard Araújo ; fotografias do autor ; desenhos de Oswaldo Storni... [et al.]. – 3ª ed. – São Paulo : Editora WMF Martins Fontes, 2022. – (Raízes)

  ISBN 978-85-469-0361-0

  1. Brasil – Cultura popular 2. Canções folclóricas brasileiras 3. Danças folclóricas brasileiras 4. Folclore – Brasil I. Storni, Oswaldo. II. Título. III. Série.

22-101424   CDD-398.0981

Índices para catálogo sistemático:
1. Brasil : Cultura popular : Folclore   398.0981

Eliete Marques da Silva - Bibliotecária - CRB-8/9380

Todos os direitos desta edição reservados à
Editora WMF Martins Fontes Ltda.
*Rua Prof. Laerte Ramos de Carvalho, 133 01325-030 São Paulo SP Brasil
Tel. (11) 3293-8150 e-mail: info@wmfmartinsfontes.com.br
http://www.wmfmartinsfontes.com.br*

ÍNDICE

Nota à presente edição XI

Cultura popular brasileira

Introdução 3

Capítulo I | **Festas** 5
    Festas do Divino 9
    Festas do solstício de inverno 12
    Festas do solstício de verão 26
    Festas dos negros 37
    Calendário de festas folclóricas 39
    Festas e turismo 43

Capítulo II | **Bailados** 45
    Congada 47
    Marujada 50
    Moçambique 52
    Caiapó 56
    Quilombo 56
    Lambe-sujo 59
    Cabocolinhos 59
    Reisado 60
    Guerreiros 61
    Bumba-meu-boi 62
    Pássaros 65

CAPÍTULO III | **Danças** 67
   Dança-da-santa-cruz 67
   Sarabacué 69
   Cururu rural 70
   Cateretê 72
   Fandango 74
   Quadrilha e lundu 77
   Jongo 78
   Batuque 84
   Coco 87
   Baianá 88
   Mais danças 89

CAPÍTULO IV | **Recreação** 95
   Folguedos tradicionais e populares 97
   Jogos tradicionais e populares 116

CAPÍTULO V | **Música** 125
   Música folclórica 126
   Rondas infantis 128
   Acalanto 130
   Roda-pagode 131
   Cantigas de trabalho 132
   Aboio de roça 133
   Moda 134
   Serenata 136
   Coreto 136
   Cantigas de rixa 137
   Bendito 137
   Cantigas de cego 138
   Cantos de velório 139
   Cântico para as almas 140
   Terno de zabumba 141
   Instrumentos musicais 141

CAPÍTULO VI | **Ritos** 153
   Ex-votos ou "premessas" 154
   Alimentação das almas 155
   Carpição 158
   Candomblé 158

Toré	159
Ritos de morte	161
"Recomenda" das almas	162
Caretas	162
Malhação do Judas	163
Dia da judiaria ou da malvadeza	164
A circum-ambulação	165
Rito ablucional	165
Mutirão	166
Barganha de relógios	167
Quatro "mecas" dos caipiras paulistas	167

Capítulo VII | Sabença ... 169
- Medicina rústica ... 170
- Meteorologia popular ... 172
- Agronomia popular ... 173
- Zootecnia popular ... 174

Capítulo VIII | Linguagem ... 177
- A literatura oral ... 177
- Conversa vai, conversa vem... ... 185

Capítulo IX | Mitos e lendas ... 191
- Mitos ... 194
- Lendas ... 198

Capítulo X | Artes populares e técnicas tradicionais ... 203
- Comidas típicas e doçaria caipira ... 204
- Tramas e tecidos ... 209
- Cerâmica e modelagem ... 212
- Xilologia ... 213
- Pau-para-toda-obra ... 217

Índice de fotos ... 243

NOTA À PRESENTE EDIÇÃO

Optamos por manter nesta edição as diferenças que podem ser observadas na comparação das letras das músicas com as partituras. O objetivo é preservar as características dos textos originais da forma mais fiel possível, não desprezando as variações tão comuns na prática do folclore. Por este motivo, também não estão presentes nas partituras todas as estrofes de cada música. Uma possível inserção das estrofes completas exigiria alterações nas letras ou na partitura, que é apenas um guia para a interpretação da obra.

Victor Steiner Ferreira

Cultura popular brasileira

INTRODUÇÃO

Este documentário de antropologia tropical é o resultado de pesquisas e observações feitas em algumas das soluções populares adotadas na vida em sociedade pelo Homem Brasileiro. É um estudo da cultura popular brasileira abrangendo os seguintes capítulos: festas, bailados, danças, recreação, música, ritos, sabença, linguagem, mitos e lendas, artes populares e técnicas tradicionais. Uma síntese do folclore nacional.

Como instrumento de trabalho procuramos dividir o Brasil em áreas culturais, para que pudéssemos localizar no espaço os fenômenos da cultura, isto é, do "conjunto da tradição social".

As áreas serão delimitadas graças ao predomínio de determinados padrões culturais tipificadores desse espaço geográfico, e foi-nos possível, através das *técnicas de subsistência,* traçar as que utilizaremos ao relacionar os fatos folclóricos. É óbvio que traçamos com um critério maleável e plástico por se tratar de um fenômeno da antropologia cultural como é o folclore. Por outro lado, o folclore auxilia a caracterização das paisagens culturais porque ele constitui um elemento desta. Folclore e geografia têm estreitas ligações.

O fato folclórico, como fenômeno cultural que é – vivência na realidade brasileira onde pode ser recoltado, desempenhando função social, trazendo em seu bojo as características do popular, do anônimo e do tradicional, transmitido quase sempre pela oralidade –, necessita, num país tão vasto, para ser estudado, escudar-se em base geográfica, porque na verdade esta influiu também, entre outros fatores, para a diversificação de suas variadas manifestações. Ao constatarmos tal influência, tomamos o contexto do gênero de vida, ou melhor, das *técnicas de subsistência,* para traçarmos as *áreas culturais* e suas subdivisões em *regiões culturais.* Nossa divisão é proposta, sugerida apenas, com o fito de servir como instrumento de trabalho ao se fazer um estudo de alguns aspectos da cultura popular brasileira.

As áreas culturais brasileiras segundo as *técnicas de subsistência* são: I) da *pesca*, compreendendo as *regiões a) da jangada* e *b) da ubá*; II) *agrícola*, compreendendo as *regiões a) açucareira, b) cafeicultora, c) de novas culturas*; III) da *mineração*, compreendendo as *regiões a) do minerador, b) do garimpeiro*; IV) *pastoril*, compreendendo as *regiões a) do vaqueiro, b) do campeiro, c) do boiadeiro*; e finalmente V) a *amazônica*.

Áreas culturais segundo as técnicas de subsistência.

CAPÍTULO I | Festas

Dentre as manifestações da vida social nos agrupamentos humanos podemos destacar a festa, cujo aparecimento data das mais remotas eras, certamente quando o *homo faber*, deixando de ser mero coletor de alimentos, praticante da técnica de subsistência da catança, passou a produzi-los, plantando. Há na aurora das festas aquela preocupação mágica de agradecer a natureza ou suplicar para que ela, entidades supraterrenas ou divindades não permitam as pragas, danos ou malefícios nas plantações, praticando portanto ritos protetivos e produtivos.

A festa inter-relaciona-se não só com a produção, mas também com os meios de trabalho, exploração e distribuição. Ela é portanto conseqüência das próprias forças produtivas da sociedade; por outro lado, é uma poderosa força de coesão grupal, reforçadora da solidariedade vicinal cujas raízes estão no instinto biológico da ajuda, nos grupos familiares. Certamente nessa época, tratar-se-ia da solidariedade mecânica, própria das sociedades não estratificadas, primitivas, segundo nos ensina Durkheim.

Provavelmente a periodicidade da produção agrícola induziu o homem a, em determinadas épocas, na semeadura ou na colheita, congregar os demais da vizinhança para regozijo, para agradecimento ou pedido de proteção. Festa de produção ou de consumo que chegou até nós como acontece com as manifestações populares das festas de São João ou do Divino Espírito Santo.

O grupo social, repetindo em consonância com essa periodicidade nos ciclos agrícolas as reuniões, acabou dando à festa uma função comemorativa.

À festa, com o correr do tempo, foram se associando outros elementos tais como padroeiros, entidades sobrenaturais, mais tarde substituídas pelos santos do hagiológio católico romano. Não faltou a comezaina. Ao lado desta, a bebedeira que caracterizou as bacanais. Àquelas comemorações foram adicionando, através dos tempos e dos povos, o engalanamento, as máscaras, os disfarces, os trajes custosos e garridos, a música, o baile, a procissão, o préstito, a liturgia, o exibicionismo... As festas tiveram uma origem comum: uma forma de culto externo tributado a uma divindade, realizado em determinados tempos e locais desde a arqueocivilização. Recebeu, porém, roupagens novas após o evento do cristianismo. A Igreja Católica Romana determinou certos dias para que fossem dedicados ao culto divino, considerando-os *dias de festa*, formando o seu conjunto o *ano eclesiástico*. Essas festas são distribuídas em dois grupos distintos: as festas do Senhor e os dias comemorativos dos santos. Modernamente as festas de Nossa Senhora estão perdendo aquele caráter intermediário para se colocarem ao lado do grupo principal, isto é, das festas do Senhor.

As festas do Senhor rememoram anualmente a paixão e morte de Cristo e, em torno dos demais episódios da sua vida, gravitam as outras comemorações. O Pentecostes é uma festa do Senhor. Algumas das festas são móveis, outras fixas: a da Páscoa é do primeiro grupo, já o Natal e Epifania são fixas.

As festas dos santos em geral são fixas; elas se referem a personagens bíblicas, apóstolos, sumos pontífices, virgens, mártires, anjos e à Virgem Maria. Nestas estão inscritas as dos padroeiros que as cidades brasileiras possuem.

No esquema litúrgico acima podemos integrar a divisão clássica das festas religiosas populares, as *calendárias* e as de *padroeiro*, aquelas que acompanham as mais solenes formas do culto ao longo do curso do ano e têm caráter universal como sejam as festas do Senhor, e estas que satisfazem particularmente as exigências locais, comemorativas de santos.

Poderíamos dividir, segundo a influência dos solstícios, em apenas dois grandes grupos de festas religioso-profanas que envolveriam as calendárias, as de padroeiros e outras, distribuídas em festas do *ciclo do verão* e do *ciclo do inverno*, porque não resta dúvida do poder que existe nos solstícios de congregar ou dispersar os membros de um agrupamento humano, principalmente aqueles que vivem no meio rural, ligados às técnicas de subsistência, as quais colocam o homem em contato mais direto com a paisagem natural. Há, portanto, maior inter-relação entre solstícios e festas.

Em sendo o Brasil um país de grande extensão territorial e de povoamento disperso, portanto com várias áreas e regiões folclóricas, pode-se notar ainda mais, laborando com os fatores socioeconômicos, aquele que poderíamos chamar de solsticial. Justificaríamos tal afirmativa pelo fato de serem mais acentuadas as manifestações do folclore nortista e nordestino por ocasião do período solsticial do verão, e as do centro-sul, no de inverno.

Período solsticial não é propriamente o dia do solstício, mas aqueles que estão próximos, antecedendo ou sucedendo tal dia. São os dias que marcam as estações extremas: o inverno e o verão. Aqui a geografia é apenas uma *ancilla folclórica*, daí usarmos a expressão solsticial – *que vem ou sucede no solstício, para caracterizar um período de dias.*

Para as festas assinala-se mobilidade no tempo. E é bem provável que tal se dê porque as festas folclóricas, na sua maioria, foram produzidas artificialmente pelos jesuítas, não estão portanto bem cristalizadas, daí sua pequena duração. Para que o folclore seja cristalizado é preciso que seja muito antigo e esteja ligado à superestrutura econômica e social.

Além dessa mobilidade no tempo, pode-se adiantar que as festas do solstício de inverno, no centro-sul do país, ou pelo menos no estado de São Paulo, têm maior interesse por parte dos moradores da roça – a de São João, e mesmo a do Divino, da qual dia a dia mais se acentua sua proximidade desse solstício, no serra-acima paulista principalmente na do tipo de terra. As festas do solstício de verão, pode-se afirmar, estão se tornando, cada vez mais, festas urbanas, nas quais a presença de novos elementos, como a árvore de Natal e Papai Noel, expulsadores dos traços folclóricos já bruxuleantes dos presépios, lapinhas, folias de Reis e até do São Nicolau, dia a dia está se firmando mais. Além do processo de secularização percebe-se o de substituição.

A festa de Natal, pelo fato de se localizar no solstício de verão, atrai para seu ciclo a de carnaval, ambas de grande aceitação nas cidades, ao passo que São João e do Divino, hoje festas de comunidades rurais, estão no solstício do inverno. Apesar das correntes imigratórias, do cinema, do rádio e televisão que têm introduzido elementos exóticos no folclore brasileiro, apesar de tudo, pode-se apontar um começo de cristalização na poranduba brasileira. Cristalização que se dá em torno de quatro grandes datas: de Natal e carnaval, de São João e Divino Espírito Santo.

No ciclo do Natal, artificial embora, porém muito marcado pelos elementos católicos romanos, pode-se incluir a do carnaval. Este é festa da arqueo-civilização, aquele não. É óbvio que o carnaval atual é recente, data da época da guerra do Paraguai, é a continuação do *entrudo*. Nessa festa pode-se apontar também a mobilidade *étnica*: o entrudo era dos brancos, carnaval é dos pretos. Acrescente-se ainda ao carnaval o seu valor como festa urbana dos destituídos economicamente. Parece que o carnaval é uma festa qual receptáculo em que várias outras folclóricas vêm desembocar. O carnaval folclórico tem grande importância no Rio de Janeiro, Recife e na Bahia, envolvendo, portanto, várias outras manifestações.

Outro ciclo é o de São João, em cuja órbita está a data do folclore artificial da festa do Divino, sendo a joanina festa da arqueocivilização.

Nas festas de padroeiro estão inscritos os muitos santos do hagiológio católico romano. Uns mais populares, outros menos. É claro que a eles são celebradas festas religiosas promovidas pelo líder religioso das comunidades brasileiras, isto é, o padre. Entre Santo Antônio, São João e São Sebastião, não se pode afirmar qual seja o que apadrinha maior número de cidades brasileiras. E as santas? Nossa Senhora sob as mais variadas invocações poderá levar a palma.

Em muitas festas de padroeiros podem-se ainda encontrar as manifestações tradicionais que se poderia chamar a "parte folclórica" dessas comemorações, tal qual a cortada do mastro, a puxada e fincada, como acontece em algumas cidades capixabas. A cortada do mastro é a fase inicial observada nas festas do mastro; consiste na cerimônia de um grupo de fiéis ir à mata e lá cortar um mastro para a bandeira do santo padroeiro. Depois vem a puxada do mastro, cerimônia que antecede aos festejos da fincada do mastro. A condução do mastro é feita nos ombros dos devotos ou por carro de bois. Neste caso, em geral o carro de bois é decorado como se fora uma barca, puxado não por bovinos, mas pelos fiéis, havendo uma corda enorme onde todos desejam, cumprindo promessas, puxar o mastro do seu padroeiro. Finalmente a fincada do mastro, na cidade.

Nos intervalos das grandes festas religiosas, as menores, realizadas aos domingos, são chamadas "dominga". Ainda, em Alagoas, costumam chamar a festa e dança dos quilombos de "dominga dos negros".

Muitas festas desapareceram, outras estão desaparecendo; entretanto, nas regiões das novas culturas, algumas estão aparecendo. Não só as festas de produção (vinho, trigo, laranja, maçã etc.), mas as que rememoram aquelas que existiam na terra donde se originaram. É o caso do *kerbe*, introduzido pelos alemães no Rio Grande do Sul. Compõe-se de duas partes distintas: a primeira, em que os pares de dançantes, trajando-se à moda antiga ou garridamente, participam das cerimônias religiosas, e a seguir, com acompanhamento de música, entram num salão onde a parte lúdica tem início com a descoberta de uma garrafa de bebida, adrede escondida. O descobridor fica com o direito de pagar a bebida toda que for consumida em um determinado intervalo das danças. A garrafa é colocada no alto e os casais de dançantes passam bailando, desfilando ao som de marchas. Quando a música se interrompe, os cavalheiros esforçam-se para conquistar a garrafa, substituindo assim o descobridor dela. Além dessa dança há: *schottisch*, lanceiro e quadrilha. O melhor par é premiado por uma comissão que assiste ao desenrolar do *kerbe*.

O homem do meio rural usa três vocábulos distintos para designar as festas. Festa é a atividade de cunho religioso, como, por exemplo: festa de Nossa Senhora do Rosário, festa de Nossa Senhora da Penha, festa de São Sebastião, padroeiros de várias cidades tradicionais do Brasil. Emprega também para aquelas de sentido religioso-profano, tais como: festa do Mastro, festa das Canoas, festa dos Congos. Em vários municípios do Espírito Santo, a festa dedicada ao padroeiro da principal cidade de uma região é chamada festa do Mastro, cerimônias profano-religiosas ligadas ao símbolo dendrolátrico. Festa das Canoas, denominação capixaba da festa do Divino. Festa dos Congos, denominação regional interiorana da Bahia das congadas. No Nordeste, a atividade profana importante como a vaquejada chamam-na de festa da Apartação. Usa-se o vocábulo *festaria* para designar o conjunto de festas em que ora é parte religiosa, procissões, ora é dança, leilão de prendas, bailados etc. Emprega-se *festança* para designar a festa profana em que há muita bebedeira, gritaria, como as que são realizadas após as carreiras de cavalos, os mutirões de fazer estrada, as gineteadas gaúchas etc.

FESTAS DO DIVINO

Nós a recebemos de Portugal. O folclore europeu aqui se modificou para se adaptar às realidades brasileiras, e as diferenças regionais apresentadas devem concordar com a estrutura social, é o que nos ensina a antropologia tropical.

Deslocou-se no calendário ao chegar em terras brasileiras, o que provocou algumas modificações, mas, ao mesmo tempo, ela se tornou a polarizadora de várias festas populares do calendário folclórico paulista. Provavelmente isso resulte de sua proximidade do solstício de inverno ou pelo fato de ela ser contrária à de São João: ela é festa do consumo, enquanto a de São João é de produção, onde há esperança de colheita, promessa de casamento. É a festa da alegria, do agradecimento, do pagamento de promessas. Os elementos dominantes são os alimentares.

As pessoas componentes da folia do Divino são portadoras de poderes, de certas virtudes, pois a crença geral é de que por onde passam levam a bênção, afugentam doenças dos homens e animais e pragas das plantações. Não há lugar melhor para o estudo sociológico dos elementos poéticos do folclore do que aqueles em que se desenvolvem à noite nos *pousos da bandeira*. E é por ocasião da passagem da folia que a arqueocivilização se recompõe nos cantos, contos, lendas, "puias" (adivinhas) e danças que aí são repetidos.

A festa do Divino também desperta a coesão social, a cooperação. Há um tipo de promessa que tem caráter diferente das demais, ela é paga com o trabalho, a ajuda nos muitos afazeres na casa da festa: cozinhar, carregar água etc. Ao pagamento dos trabalhos que foram premiados com tantas bênçãos da produção agrícola ou pastoril junta-se outro – a promessa de "prestar ajutório".

É uma festa em que não é a esperança que domina, mas sim o agradecimento; daí os grandes, tradicionais e populares divertimentos de acordo com as regiões: cavalhada, tourada, bailados do moçambique, da congada e do caiapó e danças do batuque, jongo, cateretê, cururu e fandango.

Festas do beira-mar

As festas do Divino do beira-mar, da região da ubá, estão prestes a desaparecer. Além de outros fatores, o estado de miserabilidade em que se encontram os caiçaras tem contribuído decisivamente para isso.

A festa em Ubatuba se dá logo após a safra das tainhas. No litoral não se observa a regência do ciclo agrícola sobre as festas, porém pode-se perceber que há um ritmo socioeconômico a imperar.

O município é percorrido por duas bandeiras, uma que sai para o norte e outra para o sul.

Finda a recorrida das tripulações que saíram pelo norte e sul do município, há a novena, uma semana antes do domingo da festa. No setenário as folias tocam na cidade as alvoradas pelas ruas, acompanhando os "príncipes" a pedir esmolas. Todas as noites há leilões.

Defronte à igreja é armada uma barraca chamada império. O padre permanece no império durante muito tempo para trocar as velas dos promesseiros por pão bento. O festeiro fornece os pães e os promesseiros trazem velas embrulhadas nos lenços para trocar pelo pão que o padre benze na hora. O padre recebe as velas e vende-as depois aos fiéis, ficando com o dinheiro.

A festa do Divino, aquela de características populares e tradicionais nestas praias dos tamoios, está vivendo seus últimos tempos. Brevemente será apenas uma festa lembrada com saudade por um ou outro caiçara ainda residente em Exaltação da Santa Cruz do Salvador de Ubatuba.

Festas no serra-acima

Em São Paulo, duas são as formas distintas da festa do Divino, no serra-acima, a de *terra* e a do *rio*; já no beira-mar, teríamos uma terceira à qual chamaríamos de *mista*, em vias de desaparecimento, onde os foliões recorrem o município ora de canoa, ora fazendo longas caminhadas por terra, e a festa, sem o brilho das demais do planalto, se dá sem "encontro de canoas ou de bandeiras".

Caracteriza-se a de *rio* pela divisão do município em dois "distritos" religiosos: os bairros rurais que formam o "distrito" da Irmandade do rio acima e os do rio abaixo. Duas folias percorrem o município, sendo a parte empolgante da festa a que se dá por ocasião do "encontro" das duas bandeiras. A festa está mais presa à época do rio cheio do que ao calendário agrícola. Nisso ela revive em parte o fato de se realizar justamente no momento também escolhido pelos antigos monçoeiros, isto é, quando o rio está cheio, o que lhes facilitava passar certas cachoeiras. Por outro lado tal período se aproxima do solstício de verão (Tietê, Anhembi).

A de *terra* é caracterizada pelo fato de estar mais ligada ao calendário agrícola, pós-colheita do principal produto do município, quase sempre coincidente com o solstício de inverno (Cunha, São Luís). Uma só folia percorre o município, uma só bandeira e o momento de alta importância da festa é o encontro das bandeiras à porta da cidade. Em ambos os tipos acima citados, o limite percorrido pela folia no afã de angariar os donativos é a área municipal. Um fenômeno religioso circunscrito às divisas administrativas.

Sem dúvida é a bandeira o símbolo de maior resistência no tempo, de todos os demais da festa do Divino. Ela é a última a desaparecer. Quando a festa se descaracteriza, quando perde seu aspecto popular, quando desaparece a folia, a distribuição de alimentos, a casa da festa, o império, resta apenas um símbolo – a bandeira. Ela resiste mais, porque esteve sempre em contato com o povo. Perdura porque além da cor vermelha, primária, para o povo simples, a bandeira possui dons especiais, medicinais e preventivos.

A festa do Divino é atividade típica de comunidade.

Dois divertimentos da festa do Divino Espírito Santo

Dos divertimentos profanos que chamam a atenção do grande público ainda há a cavalhada, moçambique, jongo, dança-de-velhos e, rarissimamente, o caiapó. Não só os adultos são recreados e atropelados pelo Boi e pela Miota... as crianças são lembradas também: pau-de-sebo, porco ensebado, quebra-potes, dança-de-fitas e o casal João Paulino e "sua esposa" Dona Maria Angu, gigantões de taquara armada que revivem a tradição portuguesa na região cafeicultora.

O Boi e a Miota

Antes do aparecimento do casal João Paulino e Maria Angu, por ocasião das festas, já existiam a Miota e o Boi.

A Miota é representada por uma mulher alta e magra, vestida com roupa de metim. É feita engenhosamente com uma série de carretéis enfiados num cordel, de tal forma que a pessoa que vai dentro da armação, puxando as cordinhas adrede colocadas, comunica à Miota movimentos de títere, fazendo-a mexer seus braços esguios e balançar desordenadamente a cabeça de megera.

> Meu boi Barroso,
> meu boi Pitanga,
> o seu lugá
> é lá na canga.
>
> Num sô daqui, ai,
> sô lá de fora,
> adeus morena,
> que vô m'imbora. (Coro)

Festas do solstício de inverno

Localização geográfica

As festas da santa-cruz e as de junho são realizadas em todo o Brasil. A primeira francamente decadente. A de São João é a principal festa do solstício de inverno realizada em todo o território brasileiro; as demais são satélites. Festa profundamente humana, traz em seu bojo os apelos da arqueocivilização; é o ritual pagão que se trasladou para o catolicismo romano que lhe deu como padroeiro um santo cuja data agiográfica se localiza no período solsticial, época no Brasil do início das colheitas, dentre as quais se destaca a do milho. Enquanto os demais santos são apresentados nas iconografias como adultos, São João Batista, o precursor, figura como menino de cabelos encaracolados e tem, ao contrário dos outros, a sua festa realizada na noite que antecede o seu dia.

Festa presente em todas as áreas culturais brasileiras, nas quais uniformemente gira em torno do fogo. Nela se tiram sortes prevendo o futuro, e, embora seja nosso país tropical, onde a vigília é dispensável, é esta elemento que permanece, pois nessa noite come-se muito e principalmente os alimentos chamuscados pelo fogo: batata-doce assada, a onipresente mandioca (macaxeira). Lá no setentrião é a castanha-do-pará ou de caju, no sul é o pinhão. Bebe-se o produto da terra – a cachaça, que tem no Brasil mil e um nomes: bebida pura ou de mistura com frutas (limão) ou cocção de raízes (gengibre), dando o "quentão"; licor de maracujá ou de jenipapo.

Nas festas juninas estão bem marcados os tipos de comidas e bebidas preferidos pelo povo. No Amazonas come-se carne de boi, de tartaruga, de galinha, de peixe, de caças de pêlo e pena e as frutas: abacaxi, banana, ananás, laranja, bacaba, açaí. Estas, ao lado da macaxeira, batata-doce, pupunha. Flores enfeitam os mastros, em cujo tope se vê uma bandeirinha branca.

No Ceará come-se sarrabulho, lingüiça, carne assada com pirão, cabidela, batata-doce, inhame, pamonha, canjica, mungunzá, milho assado, pé-de-moleque, cocada, tapioca, bolo, grude, beiju, broa, castanha de caju assada, e bebe-se capilé, jinjibirra, aluá, mocororó, cauim, licor e cachaça.

Em Goiás come-se paçoca de carne, batata-doce assada, pé-de-moleque, pipoca, biscoito de fubá, mandioca, milho verde, bebe-se garapa de cana e dança-se o saruê, dança jocosa que se assemelha à quadrilha, confusa na marcação.

Diferem também nas várias áreas as danças e cantos preferidos pelo povo. No Amazonas dançam a polca, *schottish*, quadrilha, valsa, desfeiteira e sambas. No Pará, cerca de cem ou mais pessoas mascaradas, acompanhadas por uma banda de música de uma dúzia de figuras, formam o grupo de foliões popularmente chamados "mascarados", que nessa noite percorre as ruas, de mistura com os "bichos", que freqüentam as festanças paraenses. No Nordeste, o coco, coco-de-praia, o bambelô, o boi de São João, sambas, marchas e roda-pagode. Esta é a atividade lúdica dos adultos do baixo São Francisco por ocasião das festas de plenitude ou principalmente na pequena vacância agrícola do inverno, pelo "mês de São João". Em torno das fogueiras, grupos alegres de adultos de ambos os sexos, de mãos dadas, cantam, saltam-nas,

*Irmãos-da-canoa de Tietê. O gorro lembra a carapuça do nauta português.
À direita: Marinheiros do Divino. Piracicaba.*

*Batelão do Divino. Piracicaba. À direita: Entre os quatro marinheiros do Divino, dois meninotes
cumprem promessas. Piracicaba.*

*Irmãos-da-canoa. A participação destes canoeiros mirins é para cumprir promessa e assegurar a continuidade da
tradição. Tietê. À direita: Irmãos-da-canoa do rio abaixo, aguardando a salva para a partida e encontro com a
irmandade do rio acima. Tietê.*

Rainha da festa de São Benedito. Coroação do Rei Congo. Guaratinguetá. À direita: Saindo da missa na matriz de Guaratinguetá.

O séqüito real acompanha o rei quando vai buscar a rainha para as cerimônias. Guaratinguetá.

Caiapó. Flagrantes do bailado popular realizado em Ilhabela

Pintura popular de um quilombo de Piaçabuçu (AL). Iconoteca do autor

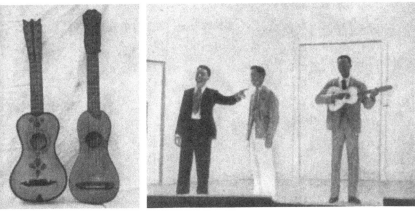

Viola e mochinho. À direita: *Cururu urbano: canturião, segunda e violeiro*. Piracicaba.

O canturião e o tocador de pandeiro. Piracicaba.

No terreiro de candomblé do João Baiano. Piaçabuçu (AL). O pai-de-santo segura uma Janaína e o cálice de Santa Bárbara com a pedra; a mãe-de-santo segura uma estatueta de Dona Janaína

O autor adquirindo a literatura de cordel, vendida nas feiras nordestinas, numa banca de "raizeiro".

Terno de zabumba: dois pífanos, caixa e zabumba (Nordeste).

A rendeira expondo seu lavor. Almofada e bilros. Sobre a almofada o cartão de modelo, todo furado. Piaçabuçu (AL).

Rendeira de Paracuru (CE).

Cerâmica numa feira nordestina.

Artesão tecendo um caçuá de cipó. Cascavel (CE).

passam de uma fogueira para outra, misturam-se os grupos. Estes vão se avolumando até reunirem-se todos ao redor de uma grande fogueira numa praça pública. Ali todos cantam e a roda-pagode alagoana põe no corpo da gente uma vontade insopitável de dançar, de bailar, pois seu ritmo é convidativo. Ela congraça os membros adultos da comunidade, caem as barreiras sociais, pobres e ricos, moradores das casas de tijolos e das choupanas de palha – mocambos –, de mãos dadas, alegres cantam esquecendo-se das tricas políticas, das desditas, das mágoas, das rixas e intrigas familiares, do bate-boca de comadres, dos desníveis sociais. Ali todos pertencem à grande família alagoana – una, alegre e feliz. As cantigas são tradicionais e traduzem em versos fatos e coisas do hábitat do ripícola são-franciscano, mas a roda-pagode dá-lhes vida nova – a comunicabilidade, a alegria congraçadora que eclode nessa "noite em que São João Batista está dormindo". Na região cafeicultora, o cateretê, cana-verde, samba-lenço, ciranda, quadrilha e batuque.

No Nordeste, o grupo de foliões que acompanha a procissão de São João é a Capela, no Sul é o Rancho.

Quanto aos mastros, não confundir o que em todo o Brasil é chamado *mastro* com aquela denominação regional dada às arvorezinhas pelos piraquaras: "Mastros de junho". É elemento presente nas festas da cidade, dos povoados e das roças. O mastro recebe tratamento especial por parte daqueles que vão prepará-lo: a escolha da madeira, qualidade e forma. Tem que ser a mais reta possível, deve ser cortada numa sexta-feira da minguante por três pessoas que, antes de iniciarem a derrubada, de empunharem o machado, rezarão um padre-nosso. Quando a árvore tomba, devem tirar o chapéu e evitar cuspir no chão no local do desgalhamento. Daí para a casa ou local onde será levantado, deverá ir sobre madeiras à guisa de andor ou no ombro, servindo de bangüê os próprios cabos dos machados. Preparado, é pintado ou não. Quando o pintam, no setentrião é muito comum usar uma só cor, no sul geralmente duas e quase sempre o azul e o vermelho são as cores preferidas. Evitam colocar pregos no mastro.

A fogueira é em geral acesa logo que o Sol se põe. Pode ser antes ou depois da reza, porém sempre antes da meia-noite. Em geral quem acende é o dono da festa, ou melhor, o dono da casa.

A armação da fogueira varia de lugar para lugar. Pode ser quadrada, arredondada, piramidal, cônica, empilhada. Sua altura varia. Nos lugares onde há abundância de lenha é costume fazê-la o mais alta possível, pois tal dará prestígio a quem a armou.

Depende da região a madeira empregada: pinho, peroba, maçaranduba, piúva, galhos secos de qualquer tipo de madeira menos de cedro e imbaúba.

Estas duas madeiras, bem como as ramas da videira, não são queimadas: de cedro dizem ser a cruz de Cristo; há uma lenda que relata ter Nossa Senhora se escondido num acecrópia quando da fuga para o Egito; a videira dá a uva, uva de que se faz o vinho, vinho símbolo do sangue de Cristo.

Junto às fogueiras soltam os balões que sobem levando um recado para o santo, por isso é bom fazer-se um pedido quando está subindo. Caso se queime, o pedido não será atendido. E sobem os balões com as mais variadas formas: balão comum de seis, oito, dez ou mais gomos, tipo charuto, zepelim, cebola, cruz, almofada, pião...

O foguetório nessa noite espouca pelos quatro cantos cardeais do país. Este apelo da arqueocivilização, do paganismo, é reforçado pelo ritmo da vida agrária, embora haja desencontro de estações (pois foi o português que no-la legou). Consegue atrair um elemento doutro solstício – o boi totêmico presente no bumba-meu-boi que se aquece nas fogueiras mudando apenas de nome na vastidão territorial brasiliana: boi-bumbá (Amazonas), boi-de-jacá (Santa Catarina), boi-calemba (Paraíba), boi-de-mamão (Paraná e Santa Catarina)...

Nas áreas rurais brasileiras a festa ao Batista se apresenta com as mesmas características, porém, na cidade grande há um anacronismo, há um falseamento, um arremedo grotesco da alegria sadia que pervague o sertão, por isso os clubes se enchem de imitadores fantasiados de campônio cujo nome varia de uma para outra área: caipira ou matuto, tabaréu ou sertanejo, caboclo ou caiçara. Há porém uma razão sociológica para que nas grandes urbes se apresentem assim fantasiados na festa joanina – é que esta festa tem a imantação telúrica, pagã, que na cidade atrai o carnaval, deslocando-o da influência axial natalina, e, no meio rural, atrai para seu ciclo a do Divino Espírito Santo, estudada em páginas anteriores.

Traços da festa da santa-cruz têm passado para as de São João e desta para aquela. É o que veremos em procissão das carroças de lenha, na dança da santa-cruz. No Nordeste, na região açucareira, a festa do dia 3 de maio está praticamente olvidada; em compensação, a festa de São João está tão arraigada na vivência nordestina que se equipara ao Natal. Nela se comemora a passagem do ano cósmico – com a fartura dos alimentos que nascem da terra – o milho verde que cresceu nos cercados.

Função social

O Compadrio – É por ocasião das festas juninas que, entre outras funções sociais, se reforçam os laços de solidariedade através dessa instituição que está se tornando folclórica – o compadrio. No Nordeste brasileiro, muito mais do que noutras partes, uma das formas pelas quais os moradores das comunidades rurais, dos "bairros", das aglomerações urbanóides demonstram a cordialidade é a escolha do compadre. Verdadeira instituição, paralela à da família, chegando às vezes a entrelaçar um número bem maior de membros através do "parentesco pelo coração" do que pelo do sangue. Há provas evidentes nas comunidades rurais nordestinas de que os liames afetivos que prendem um compadre ao outro são, por vezes, em certos aspectos, tão fortes como aqueles que unem a irmãos. Acontece muitas vezes que estes são rotos por interferência de ordem econômica, como é o caso de partilha de herança, quase sempre fatal para o bom andamento das relações amistosas interfraternais. Há também casos em que os irmãos são entrelaçados pelos liames do compadrio. É tão importante este tipo de relações que o próprio tratamento entre eles se modifica. Deixam ambos de se tratar apenas pelo nome, mas antepõem sempre o compadrio. Tratamento respeitoso que não sofre solução de continuidade, caso venha a falecer o afilhado.

Há no Nordeste (Alagoas, por exemplo) dois tipos de compadre: o da *igreja* e o da *fogueira*. O da igreja é aquele que leva a criança, o afilhado, para receber o sinal de iniciação – o batismo na igreja católica romana. O de *fogueira* é o caso em que não há criança a ser batizada, são apenas compadres, que passam a tratar-se respeitosamente por tal. Não há apenas os compadres de fogueira, há tios, sobrinhos, pais e filhos de fogueira. Basta que um afeto forte os aproxime para que no dia de São João, ao saltar a fogueira, façam antes um juramento e a seguir saltem em cruz três vezes a fogueira. Desse momento em diante passam a tratar-se de acordo com o que adrede ficou combinado. Ao saltar a fogueira revivem, sem o saber, um ritual de origem celta.

O juramento que precede ao salto da fogueira é o seguinte:

"Eu juro por São João, São Pedro e São Paulo e todos os santos da corte do céu." A seguir saltam a fogueira dizendo:

> São João dormiu
> São Pedro acordô,
> vamo sê cumpadre
> que São João mandô.

Repetindo três vezes de cada lado passam a tratar-se por compadres ou tios e sobrinho, pai e filho etc.

Festa de Santo Antônio

Pelo Brasil afora as festas populares de Santo Antônio praticamente não existem mais. No meio rural, casamenteiro é São Gonçalo de Amarante e, na cidade, onde Santo Antônio arrumava os casamentos, está este Santo entrando em franco desprestígio, em parte graças à independência que dia a dia a mulher brasileira vem ganhando na sociedade atual.

Festa de São Pedro

Fato curioso ser a festa a São Pedro, na região do alto e médio rio São Francisco, promovida pelas viúvas, consistindo na atualidade apenas no transporte, em canoa, de imagem (santo em *vulto* [escultura] ou em *registro* [fotografia]) de uma casa até uma capela ou outra casa onde há reza em conjunto. Uns poucos foguetes pipocam no ar no início do terço e, ao final da cerimônia, "reza puxada por uma tiradeira".

Em alguns lugares do Brasil, ainda pelo dia de São Pedro, nas casas de seus xarás economicamente mais aquinhoados do que os demais pescadores, é comum fincar um pau-de-sebo com um prêmio no topo.

No baixo São Francisco seus homônimos acendem pequenas fogueiras nas portas de suas casas e, no dia 29 de junho, amarrando-se uma fita no braço de um Pedro terreno, ele se vê na obrigação de dar um presente ou pagar um beberete que será tomado na primeira bodega em homenagem ao celeste.

Mastros de junho

Há uma relação marcante entre a época da colheita e as festas regionais. No solstício do inverno, realiza-se a maior de todas as festas caipiras, a de São João, que parece ser a festa da plenitude, embora bem próximas estejam as preocupações que a vacante lhes poderá trazer, porque ela é um período de apreensão – que faremos no ano vindouro?

As três festas do mês de junho são, por excelência, festas caseiras, mormente a de São João, que também nos dá impressão de revivescência do culto ao fogo, uma forma pirolátrica. É uma celebração que congrega a família em torno da fogueira.

As festas juninas têm início a 13 de junho, dia de Santo Antônio; atingem seu clímax no dia 24, dedicado a São João Batista, e encerram-se quase friamente no dia 29, data de São Pedro... que merece alguma atenção porque, afinal de contas, "ele tem as chaves do céu"...

No vale do Paraíba do Sul (SP) é comum, de junho a dezembro, ao passar pela frente de uma casa, constatarmos a presença de três arvorezinhas plantadas. As espécies geralmente escolhidas são: peloteira, quaresmeira, guamerim (*Miconia pusilliflora* Tr.).

Procissão das carroças de lenha

Talvez seja Tatuí a única cidade paulista que ainda realiza esta tradicional festa da santa-cruz, com a procissão das carroças de lenha. É a festa que foi implantada em primeiro lugar nas plagas cabralinas, uma tradução caipira das festas lusas da vegetação, que se processavam na "santa terrinha" (Portugal), no início de maio.

A antiga festa pagã da "Árvore de maio", objeto de dendrolatria da arqueo-civilização, catolicizada, resultou na da santa-cruz, para aqui trazida pelo jesuíta e usada na catequese. A cruz se tornou uma representação cristã da árvore.

FESTAS DO SOLSTÍCIO DE VERÃO

Localização geográfica

A principal festa deste solstício é a de Natal. É folclore artificial que o catequista implantou. Embora tendo um sentido ecumênico, é mais jubilosa, intensa e ruidosa da Bahia para o Nordeste e Norte. Reveste-se no setentrião brasileiro de caráter mais profano, suntuário, exibicionista, enfim festa de consumo; no meridiano é mais sacro, é a "obrigação religiosa das folias de Reis" preparatória de um banquete comum no dia de Reis (ou de Nossa Senhora das Candeias), portanto de consumo também.

Nas comemorações natalinas das áreas amazônicas, da jangada, do vaqueiro, agrícola, açucareira, estão presentes os reisados, guerreiros, o bumba-meu-boi, os pastoris, os baianas e até os quilombos alagoanos (e o lambe-sujo sergipano) a elas se agregam.

Nas regiões da ubá, cafeicultora, das novas culturas, mineradora, do boiadeiro e do campeiro, os ternos-de-reis, os tiradores-de-reis, com seu canto-chão-acaipirado, percorrem, à noite, quais os reis magos, cantando e pedindo óbolos para a sua *festa de Reis*. A folia se reveste de um caráter sagrado, são os representantes dos reis magos visitando os devotos, havendo um ritual especial de visitas e reverência nas casas onde há presépios. Na cantoria os versos giram em torno destes temas: anunciação, nascimento, estrela-guia, reis magos, adoração, ofertório, agradecimento e despedida.

A presença de palhaços em algumas folias de Reis não lhes tira o caráter sagrado do peditório. Nas folias, a função do palhaço varia. Não só a função bem como o simbolismo. Nas capixabas eles representam o satanás, daí trajarem-se de vermelho, chapéu cônico, mascarados e o inseparável relho. Não entram nas casas e locais onde há imagens de santos, presépios ou cruzes. Já em Minas Gerais, são os representantes de Herodes, seus espias que seguiram os reis magos e acabaram convertendo-se ao cristianismo. São também chamados "guardas da companhia", mocorongo ou morongo, ou marongo, Sebastião ou Bastião, todos porém usam disfarce – a máscara.

Varia o número de palhaços: numa dois, noutras três. A presença dos palhaços nas folias de Reis é anotada em várias regiões. Mas deve-se adiantar que num mesmo estado é encontrado em vários municípios, noutros não, como acontece em São Paulo, Minas Gerais, Rio de Janeiro e Espírito Santo. Neste, quando o grupo tem palhaços é chamado *folia de Reis*, quando não, é *bandeira* ou *terno de Reis*. Os palhaços nas folias de Reis da região do minerador chegam além das fronteiras de Minas Gerais, até nas folias baianas. Não existem nas do beira-mar na região da ubá, a não ser no Rio de Janeiro, onde os encontramos. Ainda em Minas Gerais, há a denominação de *turundu* dada à folia de Reis, que mais se parece reisado; número de membros é de cerca de trinta, inclusos os tocadores de instrumentos liderados pela viola e rabeca. O peditório é feito à noite. Cantam e dançam e o solo é o *turundum* propriamente.

A folia de Reis na Bahia é acompanhada por um terno de zabumba e não como sói acontecer no Sul, por violeiros, pandeiros ou adufes, rabeca, cavaquinhos e caixa. (Neste período aparece a *caretada*, folguedo popular baiano, rancho que sai com vários fantasiados e com máscaras – as caretas.) Aliás, em Minas Gerais, nos "santos-reis" o número de cantadores e participantes das folias varia, chega a ser mais ou menos dez: violas, cavaquinhos, rabeca, caixas, porta-estandarte, palhaços, "embaixador" ou "capitão da companhia". O embaixador e o tirador de versos entregam o estandarte como se faz na folia do Divino. No Rio Grande do Sul, no terno de Reis (tiradores-de-reis, tiradores, bando-de-reis ou reses) há violões, caixa, rabeca e ferrinhos.

Quando nas folias há palhaços, evitam o encontro de dois grupos porque após a porfia nos cantos, o terno perdedor é obrigado a dar ao vencedor o fardamento, relho, máscaras e até instrumentos. Os palhaços dão rasteiras, rabo-de-arraia, cambapé até tirar o capacete do adversário. Tais disputas empanam, em parte, o brilho e caráter religioso das folias, mas, por outro lado, afirmam que os palhaços devem assim proceder porque são espias de Herodes, são satanases e, como tal, devem semear a cizânia. No Rio Grande do Sul assinala-se a prisão de "tiradores" por outro grupo.

Implemento das festas natalinas é o presépio que dia a dia vai sendo olvidado em todo o Brasil. Graças ao cinema e a outros fatores socioeconômicos, não se desprezando também o da imitação, as árvores de Natal vêm substituindo paulatinamente o presépio. O fenômeno evolutivo que sofremos reflete-se nesse folclore, mais intensamente numa área do que nas outras, dependendo do "estilo de vida" a cuja configuração esteja ligado, pois o declínio de tal "estilo de vida" determinará o desaparecimento dessas manifestações tradicionais, das usanças que aprendemos e nos foram legadas pelo povoador português.

As lapinhas e presépios representam a cena bucólica da manjedoura de Belém Efrata. O presépio que na região cafeicultora paulista pode ser denominado "presépio-caipira" comporta 21 figuras. Já em Minas Gerais é comum encontrar-se presépios mecânicos que oferecem real atração principalmente para as crianças, porque, ao lado da cena da manjedoura, há outras que retratam a vida e os costumes das gentes das Alterosas. Nas terras pisadas por Bartolomeu Bueno – em Goiás – armam simples grutas ou presépios onde a presença da maquinaria de antanho usada no Brasil chama a atenção: mujolos, alçapremas, pilões, carros de bois...

Nas capitais arma-se também o presépio. Em São Paulo, durante 52 anos seguidos, o saudoso coronel Alfredo Firmo da Silva armou magnífico presépio mecânico reproduzindo a Paulicéia antiga do começo deste século. Com o falecimento desse venerando membro da *Associação Brasileira de Presepistas*, São Paulo perdeu um dos mais lindos atrativos para crianças e adultos.

Há também comezainas por ocasião das festas de Natal. No Rio Grande do Sul, come-se queijo, rosca de trigo, bolo de coalhada, peru, toma-se café, bebe-se o bom vinho gaúcho e chupam-se uvas. Em Goiás come-se leitoa assada, frango frito, tutu de feijão com arroz, broa de fubá, biscoito de polvilho, bebe-se cachaça, dá-se o vivório agradecendo e dança-se o catira. Em Minas Gerais, feijão tropeiro ou tutu de feijão, couve mineira, picadinho de carne com quiabo e angu de milho, suã de porco com quirera ou arroz pilado em casa, biscoito fofão feito com queijo e polvilho, e canjica até fartar.

As danças variam de norte a sul. Na Amazônia o boi-bumbá e o próprio sairé pleno de sincretismo religioso, participando doutras festas também. No Pará o carimbé ou carimbó e o marambiré onde se presencia o sincretismo de tradições indígenas e portuguesas, sendo alguns cantos em língua tupi, no avanheenga. Nesse bailado está presente a Rainha do Congo, vestida garridamente, portadora de jóias cintilantes, berloques e adereços, personagem que merece todas as honras dos participantes do marambiré. Dançam, cantam ou declamam ao som da viola, puítas, pífanos e tambores. Às danças do entremeio dão o nome de lundum, lundu ou landu. O boi-bumbá na região amazônica, bem como o boi-de-reis e reisado no Ceará, se prolongam até o carnaval, no Piauí o boi-de-reis, enfim na região do vaqueiro prevalece o bumba-meu-boi. Em Alagoas, por ocasião das "festas do reisado", podem-se apreciar: os guerreiros, convergência ou nova versão dos antigos reisados, os pastoris visitando e representando junto aos presépios ou praças, as cheganças, fandangos, os cabocolinhos, quilombos, baianas e taieras. Ajunte-se o samba-de-matuto que de Pernambuco foi para Alagoas. Aliás, é bem provável que outras manifestações como o maracatu, cheganças, bailes pastoris, reisados, tenham chegado à terra dos Marechais via Pernambuco e Bahia. Nesta os bailes pastoris são notáveis. Daremos noutras páginas um pastoril. No Espírito Santo, o boi-de-reis vai do Natal até São Sebastião, quando não até dia de Nossa Senhora das Candeias. E o alardo é o bailado capixaba do dia de São Sebastião, é natalino. Em Minas Gerais estão presentes o catopé dos negros, o lundu e guaiano dançado por ocasião das visitas das folias de Reis; as pastorinhas, meninas de 8 a 15 anos, sendo que uma delas se traja de marrom para representar São José nas visitações aos presépios e lapinhas.

Em São Paulo, nas chamadas zonas pioneiras bem como na própria capital, onde há grande número de nordestinos, dançam pastoris e guerreiros. Em Santa Catarina, há ternos-de-reis onde se encontram mulheres como *cantadeiras* de folia, do que não temos notícia noutras regiões. A presença dos "santos-reis" é maior na região da ubá do que na das novas culturas. Os cacumbis, o boi-de-mamão que vai do Natal ao carnaval, cuja principal atração neste é o ritmo quente de suas músicas carnavalescas. Nele aparecem vários personagens: Pai Mateus, Catirinas (há mais de uma), cavalinho, vaqueiro, médico (para examinar o boi), cantador de fados e a bernúncia, animal descomunal, síntese de vários monstros que habitaram a mente medieval e chegou até nós. É algo de bicho-papão que habita a angústia infantil, disforme, hórrida. Já olvidaram a Maricota, tipo de virago que ainda persiste em Maria Angu ou Miota, gigantões das antigas procissões ibéricas.

Velha usança da época natalina catarinense é o *pão-por-Deus*. No início do último trimestre, é costume enviar mensagens em papéis rendilhados, com filigranas, coloridos, no interior dos quais, em versos, vinha o pedido de uma dádiva. Quem recebe um pedido de pão-por-Deus fica na obrigação de responder pelo Natal, enviando uma oferta ao solicitante. Tais mensagens em geral têm a forma de coração, daí ser chamada também *corações*. É uma forma artística do "pedir-os-reis" da região da ubá.

No Rio Grande do Sul os "reses" são festejados com boizinhos que é o mesmo bumba-meu-boi, a jardineira ou arco de flores, pau-de-fita cujo mastro é sustentado ao centro da dança por um menino "Pai João". Do tope saem pares de fita que são seguras por 8 ou 12 meninas para a dança ariana que se realiza dentro das salas ou salões sob a direção do *guião* que as comanda no dançar, bem como as autoriza a "assaltar", isto é, visitar as casas. A música que as acompanha em geral é a sanfona. Violões e pandeiros nunca faltam.

Em todas as áreas culturais do Brasil vão se diluindo pouco a pouco certos traços ligados às festas natalinas. Até há bem pouco tempo, isto é, antes de 1930, nas cidades paulistas tradicionais havia, entre as famílias conhecidas, o costume de mandar presentes no Natal. No dia de Reis, retribuía-se o recebido. Voltavam então as bandejas com as guloseimas retribuitórias das que foram saboreadas no Natal.

Folias

A partir da noite de 24 de dezembro até 6 de janeiro ou 2 de fevereiro, os sítios e a cidade são percorridos por dois bandos de músicos que saem somente à noite, cantando e louvando o nascimento do Deus Menino e pedindo óbolos. Saem à noite, imitando os reis magos que viajavam guiados por uma estrela. (Bem diferente da folia do Divino Espírito Santo que anda somente durante o dia.) O grupo destes representantes dos reis magos é chamado *folia de Reis*. A que percorre os sítios e fazendas, *folia de Reis de Caixa*, e a que canta na cidade sem sair do rocio é a *folia de Reis de Banda de Música*, ora chamada *folia de Reis de Banda*, ora de *folia de Reis de Música*.

ACORDAI QUEM ESTÁ DORMINDO

Acordai quem está dormindo,
levantai quem está acordado,
venha ver a Deus Menino
na sua porta parado.   (bis)

Os três Magos do Oriente,
foram visitar Jesus,
trouxeram por suas guias
a brilhante estrela luz.   (bis)

A estrela que nos guia
já surgiu lá no Oriente,
precisamos caminhar,
boa noite, nobre gente.   (bis)

 Segundo o sr. Núbelli, as letras foram adaptadas dos Reis de Caixa. Há para elas três músicas. Numa delas costumam acrescentar um estribilho, que o sr. Quito Veloso diz ser de sua autoria:

O galo canta, nasceu Jesus,
o mundo inteiro encheu-se de luz. (bis)

Presépios*

Tanto na cidade como na roça é hábito armar o presépio, onde procuram reproduzir com animais, figuras, casinhas, pequenas conchas, arvorezinhas, grama etc. a cena bucólica da manjedoura de Belém. "Quem armar um ano terá que armá-lo sete anos seguidos, senão acontecerá uma desgraça." "O marido armará primeiramente sete anos, depois a mulher poderá armar outros sete anos"; é pois a crendice popular que contribui em parte para perpetuar esse costume, certamente em via de desaparecimento. É a transição de uma cultura rural.

Lapinha**

Nas casas onde não é armado o presépio, é costume colocar o Deus Menino na "lapinha". A lapinha é feita da seguinte maneira: um pedaço de tábua retangular, medindo mais ou menos 25 ×15 centímetros; nos quatro cantos são colocadas varetas ou fios de arame de mais ou menos 30 centímetros de comprimento. Essas varetas são unidas e amarradas no centro, para dar a forma de abóbada. Sob o encontro das quatro hastes é que ficará pendente o "Anjo Glória". A tábua e as hastes são recobertas com papel de seda e enfeitadas com flores artificiais.

Uma vez pronta a lapinha, colocam o Deus Menino deitado num cocho e coberto com um pano enfeitado de rendas. No dia 6 de janeiro levantam o Deus Menino, colocam-no em pé e, à noite, fazem uma reza para guardar a

---

  * No interior paulista, o presépio característico, ao qual se pode chamar de *presépio caipira*, além da manjedoura, tem 21 figuras: Deus Menino, José, Maria, Anjo Glória (com a faixa e inscrição), Anjo da guarda, Gaspar, Melchior, Baltasar, Pastor (com a ovelha nos ombros), músico (pastor tocando pífano), outro músico (pastor tocando saltério ou sanfona), camponesa (com flores e frutos na cesta), caçador (com o cão ao lado), o profeta Simeão (apoiado no bastão), galo do céu, carneirinho de São João, vaca, jumenta, gambá, cabrito e mula. Às vezes aparecem figuras compostas de dois elementos: o pastor e a ovelha, o caçador e o cão, porém o piraquara a considera uma figura apenas.
 ** No Nordeste, onde a seca está sempre presente, as lapinhas ou as palhinhas do presépio são queimadas para que não sejam profanadas pelos pés de alguém. No Sul, onde há abundância de água, as palhinhas, areias e barba-de-pau que enfeitaram o presépio são atiradas no rio ou riacho. Fogo e água não permitem a profanação do sagrado. Há, na verdade, certa analogia entre o tratamento dos restos do presépio e o encontro "miraculoso" dos santos: no Nordeste, após um incêndio, e no Sul, nas águas (Nossa Senhora da Aparecida, Bom Jesus de Iguape etc.).

lapinha. Ficará um ano guardada, só no dia 24 de dezembro é que será novamente usada.

A lapinha é, enfim, o presépio do pobre, das classes destituídas de recursos e, como tal, recebe todas as reverências e respeito que soem dar ao símbolo sagrado aceito pela cristandade católica romana – o presépio.

Pastoris

Pastoris são danças e cantos que por ocasião das festas do ciclo do Natal se realizam em homenagem ao Deus Menino. Em geral se desenvolvem defronte de um presépio. São em muitas cidades da região açucareira a mais importante forma de manifestação artística popular do ciclo do solstício de verão e compreendem as pastorinhas e os bailes pastoris. Aquelas populares, estes das classes economicamente bem situadas. As primeiras ainda existentes do Ceará a Pernambuco, os bailes pastoris, em vias de desaparecimento, encontrados ainda no interior baiano, alagoano e sergipano.

De estado para estado do Nordeste, varia a denominação dessa atividade garrida: pastorinhas, presépios, baile pastoril ou apenas "bale". Pastoril é, portanto, um rancho alegre de meninas que, ano após ano, entoam nas visitas aos presepes e no tablado (palco) em praça pública loas ao Deus Menino. Destacam-se pelos papéis de direção a mestra e contramestra e pelo desempenho a Diana, Camponesa, Belo Anjo, o "Velho" e as demais são simples pastoras. Este "velho" usa indumentária jocosa; os ditos que profere, as mais das vezes, são chistosos e apimentados... "é um velho caduco e inconveniente"...

As pastorinhas representam autos. É o festivo teatro popular, alegre, jocoso às vezes, mas quase sempre com as "jornadas" cheias de ensinamentos morais e religiosos. As músicas cheias de ternura enchem de encantamento as noites em que as pastorinhas visitam os presépios ou quando, nos dias de festa de Natal e Reis, o pastoril se apresenta no tablado das praças.

Outras festas do ciclo do verão

Dentre os *dias de festa do ano eclesiástico*, aqueles dedicados ao Senhor para comemorar episódios da vida de Cristo, o mais popular é sem dúvida o dia da festa de Natal, constituindo a *noite de festa* o núcleo do ciclo natalino. Ela é a mais importante do solstício do verão, atraindo as demais para gravitar ao seu redor.

No Sul do país apontamos o seu caráter religioso demonstrado nas *folias de Reis*, já no Nordeste e Norte, ele é mais profano, mais buliçoso, pomposo, barroco pela garridice dos participantes dos bailados, dos bailes intervalados pelas comidas típicas, pelos autos populares que se desenrolam nas praças públicas.

Como nas festas do "mês das festas" (dezembro) no Nordeste brasileiro há como principal atrativo as lapinhas, reisados, guerreiros, autos, pastorinhas, bumba-meu-boi, marujada, congada, espontão, carimbó e outros, deixaremos para estudá-los no seu devido lugar, isto é, em capítulo dedicado aos bailados.

Outros dias de festa são os comemorativos dos santos. Há grandes festas dedicadas a Bom Jesus ou "São Bom Jesus", como dizem popularmente em vários pontos do Brasil antigo, no dia 6 de agosto, referentes à transfiguração no Monte Tabor; para São Benedito, no sul do país ele recebe em datas diferentes manifestações ruidosas de seus devotos, antigamente só dos pretos, e hoje incluem-se os brancos destituídos de bens econômicos. Poderíamos nos alongar ao descrever as festas de outros santos populares como São Roque, São José, São Sebastião, mas deixemos para apontar as dedicadas à Nossa Senhora, que de norte a sul vão se tornando mais efetivas, concorridas, perdendo, como já apontamos, o caráter intermediário, rivalizando-se com as *festas do Senhor*: as de Nossa Senhora de Nazaré, em Belém do Pará, a de Nossa Senhora dos Navegantes, em Porto Alegre, a de Nossa Senhora da Conceição, na Bahia, com todo aquele sincretismo de Janaína ou Iemanjá que lhe emprestam os devotos, vão atraindo para a sua data outras festas menores, que, quais satélites, passam a girar ao seu redor. Por outro lado, os principais elementos presentes nessas comemorações emprestam-lhe a denominação popular, assim em Belém do Pará é *festa dos Círios*, em Porto Alegre é *festa das Melancias*, em Salvador é *festa de Janaína*.

Na verdade, as festas dedicadas ao Bom Jesus provêm desde os primórdios da vida social brasileira e a partir do fim do século passado vêm sendo superadas e postas em segundo plano por aquelas que, com carinho e desvelo especial por parte do clero, são dedicadas à Nossa Senhora.

Ainda em Belém, podemos apontar uma festa que gravita no ciclo natalino, graças à sua proximidade – a de Nazaré, realizada no segundo domingo de outubro de todos os anos, popularmente conhecida por Círio de Nazaré.

Círio de Nazaré

A festa do Círio concentra milhares e milhares de devotos vindos dos mais recônditos rincões da Amazônia. Quinze dias antes a população se prepara

para receber romeiros: as ruas e praças são tomadas por milhares de vendedores de refrigerantes de açaí, de tacacá com tucupi, de mil e uma guloseimas. No sábado que antecede o segundo domingo de outubro, à noite, há imponente procissão cujo acompanhamento é feito pelos milhares de devotos conduzindo velas, tochas, círios acesos. Cerca de 3 mil metros são percorridos por uma multidão incontável. À frente do cortejo vai um carro representando uma fortaleza donde partem foguetes, bombas, fogos de artifício em profusão. Esse carro é secundado por outro, onde há centenas de anjinhos, e por último um outro enorme, coletando as promessas – é o carro dos milagres. Finda a procissão, já na madrugada de domingo, o povo não se dispersa, oferta à santa o coto de vela com o qual acompanhou a procissão – círio que iluminou a mais linda noite da região amazônica.

Ao meio-dia a imagem é colocada no altar-mor. E o povo se dispersa para se dedicar ao repasto: tacacá com tucupi, o famoso pato que é prato paraense, vatapá, caranguejo, que é o passadio dos paludícolas do Tocantins, comedores dos milhares de crustáceos que abundam na Marajó. Não faltará o açaí para completar e refrescar.

No Ceará, a 4 de outubro de todos os anos, há a festa de São Francisco de Canindé que, segundo Florival Seraine, "recebe dos cearenses veneração idêntica à que os baianos tributam ao Senhor de Bonfim".

Em Salvador há uma proximidade de datas festivas: em dezembro, dia 4, dia de Santa Bárbara, na qual os negros adoram Iansã. Após a missa, no Mercado da Baixinha, empanturram-se orgiacamente os seus devotos. Já no dia 8 do "mês das festas", é Nossa Senhora da Conceição que recebe as homenagens de seus fiéis, entre os quais se avolumam pescadores, capoeiras, mulatas e negros que ali, entre palmeiras e mar, na igreja de Conceição da Praia, dançam, cantam e comem.

A festaria se alonga, pois na segunda dominga após a festa dos Reis Magos festeja-se o Senhor do Bonfim, cuja devoção foi introduzida no Brasil, em 1745, pelo capitão-de-mar-e-guerra da Marinha lusa Teodorico Rodrigues de Faria, em cuja lápide de jazigo na capela do Bonfim lê-se apenas Teodósio.

Da festa do Senhor do Bonfim, que no passado tinha caráter nacional, o que restou dos três grandes dias: sábado que era a véspera, domingo "o dia" e segunda-feira? A segunda-feira tornou-se o início do carnaval baiano. Acertadamente dizia o saudoso folclorista Antônio Viana: "As festas começavam por Todos os Santos e acabavam por todos os pecados, que a quaresma absorvia."

Completando a festança não faltará na praia a capoeira, forma de luta consagradora da superioridade física do negro sobre o branco, nas brigas.

Festa de Nossa Senhora dos Navegantes

Do ciclo do Natal é também a festa de Nossa Senhora dos Navegantes, realizada em Porto Alegre a 2 de fevereiro, popularmente chamada *festa das Melancias*, produto típico do solstício de verão.

Quando os povoadores açoritas, quais sentinelas lusíadas, se postaram no "Porto dos Casais", implantaram seus costumes na nova terra no Estado do Brasil. Ali no Guaíba praticaram a sua devoção a Nossa Senhora dos Navegantes.

É uma festa realmente popular, fazendo balouçar sobre as águas do Guaíba centenas de barcos, e milhares de fiéis cumprem assim sua devoção, participando da procissão fluvial.

Na região da ubá, há outra festa dedicada a Nossa Senhora dos Navegantes, onde estiveram também açorianos – Cananéia – mas, pelo que se pesquisou, não foi tradição deixada por eles em terras paulistas e situa-se noutro solstício. Foi o padre Ângelo Lemarchant, bretão, criado entre rendeiras e marinheiros em sua terra natal, que a 15 de agosto de 1908 lançou nas águas do mar Pequeno a primeira procissão, iniciando assim essa festa na cidade fundada por Martim Afonso de Sousa em 1531, quase destruída pelo maremoto de 25 de março de 1795.

Entrudo

Ainda no solstício de verão gravitam as festas do entrudo, hoje carnaval, o enterro-dos-ossos e a "micareta".

Foi a partir da guerra do Paraguai que se introduziu no Brasil o carnaval atual. Antigamente era entrudo ou "intruido", tal qual é ainda praticado em algumas regiões brasileiras.

Carnaval é folclore: nele permanecem ritmo, instrumental, fantasia, máscara, figuras desgarradas de autos populares. Só não é folclore no carnaval o transitório: letras, músicas olvidadas já no carnaval vindouro...

Enterro-dos-ossos

Não confundir com o *enterro-do-ano-velho*, folguedo tradicional da Bahia que pode ser considerado o prelúdio do carnaval, por causa dos mascarados e das brincadeiras que se assemelham aos desse divertimento coletivo.

É comum chamar-se enterro dos ossos à reunião festiva que se faz no dia imediato a uma festa grande, para liquidar o que sobrou dos comes e bebes, com comezaina e bebedeira.

Micareta

No sul do país procurou-se introduzir a "micareme", que parece não se ter aclimatado entre os nossos costumes. Já no Nordeste, na açucareira, existe a "micareta". Na Bahia ela "pegou de galho", principalmente nas cidades próximas da capital. Em Feira de Santana ela é realizada todos os anos.

FESTAS DOS NEGROS

Localização geográfica

No triste tempo da escravidão assim eram chamadas as festas de São Benedito e de Nossa Senhora do Rosário.

Hoje não se pode mais chamá-las de *festas dos negros*, primeiramente porque os brancos nelas penetraram. Estão em franca decadência ou desapareceram; poucas resistem às mudanças sociais, como a de Guaratinguetá.

Grande é a importância que se dá a São Benedito na região cafeicultora paulista. No vale do Paraíba, sua festa é realizada após a do Divino Espírito Santo. Na região da ubá é também nesta data (Angra dos Reis). Ainda na cafeicultora, na zona da bragantina, é após o Natal (Bragança, Atibaia), e na da ubá, em alguns pontos ela é também nessa data (Guarapari, ES). É portanto a segunda festa após as maiores da comunidade: a do Divino e a do Deus Menino. Logo após a Lei Áurea, ela foi realizada em várias partes do Brasil, no dia 13 de maio.

Na região do boiadeiro, em Goiás, a festa de Nossa Senhora do Rosário é realizada ora a 13 de maio (data cívica), ora em outubro (data religiosa), havendo nessa ocasião verdadeira convergência de várias atividades, de vivências que se agrupam, certamente autodefendendo-se da extinção que paulatinamente vêm sofrendo. Nela aparece a congada, o moçambique, a dança dos tapuia ou "tapuio" e a roda de São Gonçalo, portanto danças de negros, índios e portugueses, tudo em louvor a Nossa Senhora do Rosário e a São Benedito.

A festa de São Benedito com dança do congo e a festa de Nossa Senhora do Rosário, em que se dançavam o siriri e o marujo, estão desaparecendo de Cuiabá (MT); realizavam-se no Poconé, na praça Marquês de Aracati e no Campo do Ourique onde havia cavalhada e tourada.

Na congada, em Mato Grosso, encontramos um sincretismo patriótico: as tradicionais cores azul e branca dos congueiros foram substituídas pelas nacionais – verde e amarela.

A dança dos tapuias assemelha-se ao caiapó paulista; idêntica é a indumentária. A temática, o que lhe empresta caráter de dança dramática, é fundamentada em fatos da vida rural relacionados a São Benedito. De permeio com as palavras portuguesas podem-se ouvir algumas de origem africana, havendo também um pouco de congada no desenrolar das partes (sete ou nove) do bailado. É um bailado sincrético: presença dos traços culturais do índio e do negro e a tese catequética da conversão em louvor ao santo católico São Benedito.

Digna de nota é a presença da dança de São Gonçalo de Amarante nessa festa de Nossa Senhora do Rosário e outro fato importante é ser dançada exclusivamente por moças casadouras, todas vestidas de branco, que, duas a duas, empunham um arco enfeitado de flores e fitas. Elas vão dançar a roda de São Gonçalo, que não é dança de roda e sim de duas colunas, conforme registramos em Goiás e Mato Grosso.

Calendário

De acordo com o hagiológio católico romano, dia 4 de abril é o dia dedicado a São Benedito. No tempo da escravidão era festejado nessa data. Agora o é na segunda-feira após o domingo da Ressurreição. Nenhuma procissão sai sem que à frente esteja o santo negro. Se não o fizerem, é chuva na certa. Interessante que uma divisão de classes sociais no tempo da escravidão – negros e crianças à frente, depois, perto do pálio, os senhores fazendeiros, donos dos escravos, e autoridades – é atualmente elemento de crendice, sendo aceita pelo consenso geral como elemento assegurador de bom tempo: a irmandade de São Benedito tem de sair à frente das procissões. Racionalização de uma situação de fato.

No vale do Paraíba do Sul, portanto na região cafeicultora, a segunda-feira após a Páscoa é o dia de São Benedito. Ninguém trabalha!

Coroação do Rei de Congo do Brasil

Festa de São Benedito de Guaratinguetá

No Sábado de Aleluia tem início o programa. Logo após o "rebentar da aleluia", saem quatro "caixeiros de São Benedito", batendo caixas surdas, fazendo o percurso tradicional, por onde nos dias subseqüentes passarão o cortejo real e a procissão. À noite há leilões de prendas que se prolongarão até terça-feira.

No sábado, à tarde, às 16 horas, sai a Cavalaria de São Benedito, da qual participam mais de 300 cavaleiros.

Finda assim a parte dos festejos do sábado, descendo o povo em procissão para levar a suas casas o rei, a rainha e os juízes, agora sem os símbolos religiosos, porém com os caixeiros de São Benedito. Nos dias da festa, a banda de música e os caixeiros de São Benedito alternam-se. Quando a banda pára de tocar, os caixeiros iniciam o rataplã monótono dos membranofônios "sagrados".

Na festa de São Benedito, os personagens principais são: o rei, a rainha, o juiz da vara, a juíza da vara, o juiz do ramalhete, a juíza do ramalhete, o capitão do mastro, o alferes da bandeira e o tenente da coroa. Os pajens, sendo membros da Irmandade, trajam-se com a opa. Ao finalizar a festa aparecerá um novo personagem, que é o *rei novo*, com os demais cortesãos.

Na segunda-feira, *dia de São Benedito*, há missa solene. Os juízes vão buscar o rei e este a rainha. A pajem da rainha é uma menina branca de família da elite de Guaratinguetá, que para servir fez promessa. O séqüito real é acompanhado pelos membros da Cavalaria de São Benedito. Hoje, porém, estão todos a pé. No sábado eram a "Cavalaria"; agora são "Infantaria".

A entrada da procissão na igreja, depois de ter passado pela cidade, é feita respeitosamente. E embora seja grande a vontade de se conseguir um bom lugar para ver a coroação, não há apertões. O rei velho encaminha-se e fica no mesmo lugar onde estivera por ocasião da missa. O padre faz um sermão sobre o rosário e lança a bênção sobre os fiéis.

A coroação do rei novo então é realizada. Rei velho e rei novo, ao mesmo tempo, ajoelham-se numa almofada em frente do padre. O sacerdote oficia o ato solene com cânticos e orações apropriadas.

Terminadas as cerimônias, o rei velho acompanha o séqüito até à casa deste. O séqüito depois ruma para a casa do rei velho, pois esta é a derradeira homenagem que lhe prestam. Deixam o rei velho em sua casa, voltam para a casa do rei novo, agora sem a banda de música, para a festa da Recepção da Coroa. A festança prossegue noite adentro.

CALENDÁRIO DE FESTAS FOLCLÓRICAS

Algumas cidades brasileiras finalmente descobriram que as festas tradicionais podem servir de motivo de atração turística, daí, por meio de órgãos oficiais, passarem a incrementar a sua prática, auxiliando as organizações folclóricas.

Até há pouco tempo os padres menos esclarecidos e delegados de polícia atrabiliários não permitiam manifestações folclóricas para não "envergonhar os foros de civilidade de uma cidade culta", fechando terreiros de candomblé, xangô, macumba, batuque, por serem afrontosos à religião dominante ou espaldeirando com os soldados macanudos os dançadores de cateretê, de fandango, de bumba-meu-boi, de coco-de-praia, de bambelô, prendendo bandeireiros no seu peditório pela cidade. Hoje são as autoridades que "promovem" as manifestações populares. Há prefeituras municipais com dotações de verbas para auxílio aos grupos folclóricos, que criaram Departamento de Turismo para cuidar também do folclore; incentiva-se o artesanato popular para a produção de *souvenirs*.

As prefeituras municipais estão procurando incentivar da melhor maneira possível as festas populares e entre elas podemos destacar a de Recife, que tem, nas manifestações de seu rico folclore, uma importante fonte de renda. O seu Serviço de Recreação e Turismo da Secretaria da Educação e Cultura faz publicar e divulga o calendário das festas folclóricas do Recife apresentando também dados importantes sobre a culinária pernambucana com seus pratos, que Gilberto Freyre afirma: "Não se julgue, porém, que a nossa cozinha tenha a agressividade de certas cozinhas onde dominou o elemento negro. A qualidade principal da cozinha pernambucana reside naquele equilíbrio em que ela se situa, entre os excessos da cozinha africana – preponderante na Bahia – e os excessos da cozinha indígena, verificáveis nos estados setentrionais." Nos folhetos há indicações dos pratos do dia e locais onde o turista poderá saboreá-los, como: fritada de caranguejos e siris, goiamum, casquinhos de caranguejo, moqueca de siri-mole, mariscos; peixes em muquecas, sopa, peixadas; carne-de-sol, sarapatel, panelada; galinha de cabidela, galinha de resguardo com pirão; xinxim de galinha, canjica, pamonha, angu, cuscuz, mungunzá, bolo de tapioca, beiju, pé-de-moleque e os famosos "tira-gosto" de peixe-agulha frito de esturricar, rolinha, arribação, passarinha, tripinha, camarão, pata de caranguejo, caju torrado. Completam a lista as frutas mais deliciosas que só no Nordeste têm aquele sabor dulcíssimo: abacaxi, abacate, banana, caju, cajá, jaca, jabuticaba, laranja, laranja-cravo, manga-rosa, manga-espada de Itamaracá, mamão, mangaba, pinha (ata), graviola, sapoti; refrescos e sorvetes feitos de cajá, mangaba, tangerina, caju, abacaxi, maracujá, tamarindo, coco, pinha, graviola, sapoti, abacate, milho verde.

O calendário das festas folclóricas do Recife, de acordo com o nosso ano civil, tem a seguinte distribuição pelos meses, a saber: em janeiro, a 6, a queima das lapinhas, onde os cantos infantis encerram o ciclo natalino em cuja parte religiosa cristã aparece o primeiro grito de carnaval – a grande festa pagã que virá.

A partir da segunda quinzena, os tambores de xangô tocam festivamente para Abalu-aiê, que no hagiológio é São Sebastião, e a igreja o festeja no dia 20 de todos os anos do primeiro mês.

Em fevereiro o povo ferve no frevo no melhor carnaval do Brasil, o carnaval folclórico realizado na Veneza brasileira: blocos, cordões fantasiados, maracatus quer os de *baque virado* (com instrumentos de percussão), quer os de *baque solto* (de permeio vêm os aerofônios), cabocolinhos, bumba-meu-boi, escolas de samba, troças, burras e ursos, clubes, corso, bailes de Zé Pereira.

Em abril, os terreiros de xangô estão alvoroçados com os toques para o filho de Iemanjá, Ogum, deus da guerra, cujo dia é a quinta-feira. Confundem-no com São Jorge Guerreiro. Na primeira semana após a Semana Santa, tocam para Obá, filha de Iemanjá.

No mês de maio, em alguns bairros da cidade, as *Bandeiras de Maio*, que remotamente nos fazem lembrar as do Divino Espírito Santo, saem em homenagem a Nossa Senhora.

As festas juninas se desenvolvem em torno de Santo Antônio, São João e São Pedro, sendo a mais concorrida a joanina, com fogos e muitas comidas derivadas do milho. Os terreiros em junho vibram em homenagem a Xangô que, para os afro-baianos, é São Jerônimo e Santa Bárbara.

Xangô é orixá dos mais prestigiosos, divindade controladora dos raios, chuvas, tempestades e trovões; seu dia votivo é a quarta-feira e a sua grande festa é a 30 de setembro noutras partes do Brasil. Entretanto, no Recife, os terreiros o cultuam como São João Batista, certamente porque este santo se apresenta muito jovem nas iconografias, sendo possível confundir-se com a divindade negra que é um homem viril, dançador exímio, qualidades que só um jovem pode exibir.

Em julho, enquanto os católicos romanos cultuam Nossa Senhora do Carmo, padroeira da cidade, os afro-brasílico-católicos festejam delirantemente a Oxum, deusa dos rios e fontes, tradução negra daquela.

Exu, divindade que requer despachos, é cultuada nos terreiros, ou melhor, nas encruzilhadas, no mês de agosto. É divindade temida embora seja orixá obscuro, um quase diabo ou o Cão.

Em setembro os terreiros homenageiam a Ibeji, ou melhor, São Cosme e Damião, os gêmeos. Não se deve esquecer que a mais antiga igreja existente no Brasil foi mandada construir por Duarte Coelho em Igaraçu, sob a invocação desses santos anargiros do catolicismo romano, que para os negros simbolizam a fecundidade que tanto anelam.

Em outubro, aos sábados, nos xangôs pernambucanos há a festa do Inhame, que marca o início do calendário religioso afro-brasileiro-recifense, não coincidente portanto com o nosso ano civil, mas muito próximo do ano civil dos israelitas, fato este que poderá ter remota ligação com os negros muçulmanos do Recife. Na festa do Inhame reverenciam a Oxalá, o maior dos orixás, que na Bahia se confunde com o Senhor do Bonfim. A festa para Oxalá está no início do verdadeiro calendário das festas afro-recifenses por ser a maior divindade que os negros pernambucanos confundem com o Pai Eterno, o Deus Criador, iniciador de tudo. Sua festa é a abertura do calendário afro-recifense.

Finalmente o calendário anota para dezembro, dia 8, a festa para Nossa Senhora da Conceição, no morro do Arraial, e é, na Panela de Iemanjá, quando todos os xangôs vêm para as praias, principalmente na do Pina, e em Olinda, na do Rio Doce.

No dia 13, festa de Santa Luzia no bairro da Torre, e desde os fins de novembro, na Mustardinha, o mamolengo prende a atenção de adultos e crianças. Ao entrar na segunda quinzena decembrina aparecem os presépios e as lapinhas do ciclo natalino. Nas ruas, nos bairros pobres, dos milhares de mocambos saem os que brincam nos pastoris, no bumba-meu-boi, nos guerreiros e nas cheganças, com todo seu séqüito rememorando o naufrágio da *Nau Catarineta* – neste grande teatro popular nordestino, cuja ribalta é a praça pública, a rua, onde desempenham papéis de almirantes, capelães, generais, os mais pobres labregos do Brasil, porém portadores da maior fortuna de um povo – a sua tradição.

Na passagem do ano civil, a 31, o orixá poderosíssimo Orixalá, rei da pureza, símbolo do céu, recebe em alguns xangôs do Recife os toques ritmados de seus tambores religiosos.

O calendário das festas folclóricas do Recife, distribuído pela Divisão de Recreação e Turismo Municipal com as demais informações ali insertas, é um esforço oficial digno de ser imitado. Por outro lado é um incentivo para fixar na consciência do povo o valor de suas vivências, incrementa o artesanato popular, desde o da cerâmica dos municípios vizinhos de Caruaru, Trucunhaém, Goiana e outros ao dos trançados, desde a xilurgia ao preparo das ferramentas usadas pelas divindades do xangô, peças em miniaturas que a maioria dos turistas brasileiros acredita serem portadoras de felicidade, espécie de amuleto, ou talismã, procuradíssimas nas muitas bancas de raizeiros existentes no mercado de São José.

O patente interesse econômico da Divisão de Recreação e Turismo por enquanto não obnubila o esplendor das manifestações folclóricas; quer no campo do folclore material, quer no espiritual, sua atuação é positiva.

FESTAS E TURISMO

Nas comunidades tradicionais as festas religiosas são de *data móvel* ou *fixa*. Dentre as primeiras predominam aquelas dedicadas ao Divino Espírito Santo e dentre as fixas as em homenagem ao Senhor Bom Jesus e à Santa Cruz.

Festas móveis. As festas móveis estão em geral em íntima relação com um grande acontecimento religioso, por exemplo, a Semana Santa; daí não ter data fixa. Cinco são dedicadas ao Espírito Santo e, uma, a São Benedito.

As festas do Divino se realizam em Tietê no último domingo de dezembro: nela, o "encontro das canoas" no lendário rio dos monçoeiros é um espetáculo digno de ser visto, há batuque e cururu; em Socorro, a 15 de agosto ou no domingo que o antecede, com procissões, barracas, muitos fogos de artifício, congada e caiapó; em São Luiz do Paraitinga, em maio ou junho, com império, moçambique, dança de fitas, jongo, cavalhada, João Paulino e Maria Angu; em Piracicaba, em maio ou junho, de conformidade com o nível do rio para o "encontro dos marinheiros", há exibições de danças promovidas pelos membros do Centro de Folclore de Piracicaba, mais de 20 modalidades folclóricas, bem como comidas e bebidas típicas paulistas; em Itanhaém, em maio, com casa de império e folias. Dedicada a São Benedito, realiza-se em Guaratinguetá uma festa no domingo e segunda-feira da Ressurreição e Pascoela com a Coroação do rei de Congo do Brasil, cavalhada religiosa e moçambique.

Festas fixas. As festas fixas são em número de 14: da santa-cruz, em Itaquaquecetuba, da noite de 2 para 3 de maio, com dança-da-santa-cruz; na Aldeia de Carapicuíba, na mesma data, com dança-da-santa-cruz, dança da zagaia e sarabacuê; em Tatuí, a 3 de maio, com procissão de carroças de lenha; na mesma cidade a 16 de agosto, Cavalaria de São Jorge; de Nossa Senhora dos Navegantes, em Cananéia, a 15 de agosto, com procissão marítima; de Bom Jesus, a 6 de agosto, em Iguape, onde estão tentando reviver a marujada; em Pirapora, que recebe a Romaria de Cavaleiros de Santo Amaro; em Tremembé, com moçambique e congada; e em Perdões (Ajuritiba), com congada, catira e samba rural; de São João Batista, no dia do santo, em Atibaia, com cavalaria religiosa, congada e samba rural; de São Roque, em Porangaba, a 16 de agosto, com tourada, cateretê e fandango; de Nossa Senhora do Bom Sucesso, no município de Guarulhos, a 15 de agosto; e nesse mesmo dia, para a mesma santa, a de "Carpição", no município de São José dos Campos; e a de Nossa Senhora da Aparecida, em Aparecida do Norte, a 7 e 8 de setembro, com congada, moçambique, caiapó.

São ao todo 19 cidades paulistas que poderiam desenvolver ainda mais o turismo religioso, levando em conta precipuamente os cuidados higiênicos, transporte etc. Aparecida do Norte, Pirapora do Bom Jesus e Iguape são comunidades onde o turismo religioso tem caráter permanente.

Além das festas de caráter religioso, onde são tradicionais as manifestações folclóricas, estão agora as de produção, introduzindo em seus programas exibições folclóricas, comidas típicas paulistas. Nesse sentido, Accacio de Villalva, presidente do Conselho Estadual de Turismo, vem procurando incentivar e reorganizar algumas festas de produção que haviam ficado no olvido. Nas festas do vinho em São Roque, da uva em Jundiaí, do pêssego em Itaquera e Mairinque, da laranja em Limeira, do café em Ribeirão Preto, do morango em Moji das Cruzes, da maçã em Campos de Jordão, já se encontram comidas típicas paulistas como atrativo turístico. Nelas todas há, embora seja uma forma de intromissão oficial, algo que se relacione com a nossa tradição. Em muitas festas de produção comparece o Centro de Folclore de Piracicaba, sob a direção de João Chiarini, para, com seus membros, dançando nos tablados, nas ruas ou em cima de grandes caminhões, dar um espetáculo de brasilidade, chamando a atenção para aspectos pouco conhecidos do rico folclore paulista.

Para a festa natalina, para o preparo do presépio que a tradição secular recomenda que se arme nos lares, a partir do último sábado de novembro até o domingo que precede o Natal, nos mercados municipais de Taubaté e São José dos Campos dezenas e dezenas de bancas vendem inenarrável quantidade de figuras de barro, peças geralmente não cozidas ou malcozidas, pintadas.

O conjunto de 21 figuras compõem o presépio caipira, cuja procura ano após ano vem crescendo. O artesanato popular periódico tem nessa época o seu florescimento – quase não há mulher piraquara que a partir de setembro não dedique muitas horas na confecção das figuras. Elas terão venda certa. Turistas vindo especialmente de São Paulo adquirem tudo o que encontram. Pode-se mesmo afirmar que os presépios caipiras, ingênuos e garridos, as lapinhas enfeitadas de flores de cor berrante, constituem atualmente verdadeiro motivo de atração turística para aquelas cidades vale-paraibanas.

CAPÍTULO II | Bailados

Foi Mário de Andrade quem denominou *danças dramáticas* aos bailados populares.

A nosso ver os bailados populares no Brasil foram largamente usados na catequese porque os jesuítas, criadores do teatro religioso, lançaram mão dele iniciando a conversão da indiada, depois do negro, e, por que não dizer, do próprio português que para aqui veio, cuja religião da maioria era a aventura e a conquista.

No teatro catequético do bailado popular há uma dicotomia que se fundamenta no assunto central. E esse assunto é de religião: *conversão* e *ressurreição*.

O primeiro tema é mais difícil de ser compreendido, mais elevado porque envolve algo de filosofia religiosa – a conversão; daí ser aplicado aos grupos, embora populares, mais selecionados, como sejam as confrarias, as irmandades de negros. Exemplo desse tipo é a congada.

O segundo tema é o da ressurreição. Mais fácil de ser entendido porque está presente na civilização tradicional. Na arqueocivilização já se praticava através dos ritos presentes no renascimento do vegetal. Vive portanto no subconsciente coletivo. Por ser mais assimilável, mais fácil de ser entendido, mais popular, não foi preciso entregá-lo para que confrarias zelassem por ele, o próprio povo dele se apossaria. E é o que se dá por exemplo com o bumba-meu-boi e outros bailados simples onde o *leitmotiv* é a ressurreição.

O jesuíta é conhecedor da pedagogia. Sobre o conhecido se inicia a ensinar o desconhecido. Sobre os alicerces de algo que se praticara é que se levantou o edifício artístico do bailado popular. Aproveitou velhas práticas africanas, a índole belicosa, a hierarquia ábrega e quejandas, ensinou-lhes porém que para gozar as delícias do céu era preciso *converter-se*, deixar o paganismo ou maometanismo. Não desprezou o passado negro, deu-lhes um presente branco para gozar um futuro celeste, graças à conversão e abrigo no "seio da santa religião". Ensinou que há uma luta entre o Bem e o Mal. Este deve perecer, aquele vencer. O Mal é mouro, o Bem é cristão, foi o discernimento que o bailado popular deu.

Pode-se deduzir que não houve grande preocupação por parte do ministrador de tal forma de "diversão religiosa" quanto à intromissão de valores ameríndios. Aí está o cacique presente em muitas congadas. Além do cacique se imiscuindo entre os destacados, veio também o sincretismo militar com a hierarquia de alferes, tenentes, capitães e generais. Em alguns lugares adotaram as cores nacionais na indumentária. Deixaram em parte o azul (dos cristãos) e o vermelho (dos mouros) para adotar o verde (batalhão dos Periquitos) e o amarelo de berrante e ingênuo nacionalismo.

Com o conhecimento anterior da ressurreição, somaram-se as práticas conhecidas por aqueles habitantes cuja técnica de subsistência no Brasil rural é muito extensa – a pastoril. Implantou-se nessas regiões um brinquedo barroco de entrecho simples, buliçoso porém, garrido como seja o bumba-meu-boi.

Segundo essa dicotomia que o centro de interesse dos bailados populares nos dá, dividimo-los em dois grandes grupos:

– da *conversão*: congada, marujada, moçambique, ticumbi;

– da *ressurreição*: quilombo, caiapó, guerreiros, cabocolinhos, lambe-sujo.

Em algumas congadas, marujadas, além do tema fundamental, que é o da conversão, pode acontecer que apareça o outro, o da ressurreição. Isso não invalida a nossa divisão que é de ordem didática.

A tese da conversão está também presente na cavalhada, mas acontece que esta era no passado bem próximo o teatro ao ar livre, da aristocracia rural brasileira.

A própria difusão dos bailados populares de norte a sul do Brasil se deve primacialmente ao jesuíta que lhes deu unidade e uniformidade porque uma só era a diretriz desses religiosos. Caso dependesse dos africanos outra teria sido, porque estoques raciais diferentes se localizaram em regiões diferentes. Muitos negros nem no caçanje se entendiam; como poderiam ter as mesmas tradições? Os bailados se difundiram e guardaram uniformidade graças ao jesuíta. A congada, por exemplo, é conhecida de norte a sul do Brasil. O bumba-meu-boi também, e isso se deve ao erudito que os organizou e distribuiu sabiamente para as confrarias e para o povo. Caso tais tradições fossem somente de origem africana, como assoalham, não teriam essa unidade, essa uniformidade no tempo e no espaço.

O jesuíta, na própria África, nas colônias portuguesas e mesmo em Portugal, adotou o teatro popular com a escravaria negra. Lá se praticava também a escolha de reis e sua coroação. Coroação que muitos confundem com a congada. Uma coisa é a congada, outra é a coroação do rei de Congo.

Então a congada não é folclórica. Foram eruditos que a escreveram. Tornou-se folclórica graças à aceitação, adoção e uso. É claro que na atualidade a função precípua para que foi criada deixou de existir. Fator interno, como chamaríamos a este da finalidade, aliado a outras causas, tem proporcionado o desaparecimento dos muitos bailados populares. Estas formas estão sendo abandonadas, outras vezes transformadas ou dando lugar para aceitação de novas. É o fenômeno que está se dando com os bailados populares no Brasil.

CONGADA

Localização geográfica

É provável que no tempo e no espaço seja o bailado popular mais notável. É Luís Edmundo que a surpreende no Rio de Janeiro colonial no tempo dos vice-reis. Dela há registros de vários viajantes que perlustraram nossas terras no passado. Neste século alguns estudiosos registraram-na em vários pontos do Brasil: Ceará, Paraíba, Bahia, Espírito Santo*, Minas Gerais, Goiás, Mato Grosso, Paraná, Rio Grande do Sul.

O estudo dos fatos do passado, das canções, das gestas aponta-nos que a congada não é de origem africana, mas é uma reminiscência da "Chanson de Roland" sabiamente aproveitada pelo catequista.

O fato da peripécia vivida em Roncesvales se renova, em parte, nos dias de hoje na congada e cavalhada em terras brasileiras, bem como na literatura de cordel das feiras nordestinas, fixadora de boa parte da farta messe da poética oral dos trovadores, dos cantadores, dos poetas do sertão do Nordeste brasileiro.

A congada é o teatro popular de rua, é a ribalta onde se pode presenciar a multissecular porfia entre cristãos e mouros infiéis, tornando-se nesta região

---

* Ticumbi – Forma simplificada da congada, em que dois reis negros lutam para ter o privilégio de realizar a festa de São Benedito. O rei Bamba é vencido pelo *rei de Congo* e por este batizado com sua gente, quando então se dança e canta o ticumbi. Na dramatização, embora haja embaixada, à qual poder-se-á atribuir cunho africano, como vários autores repetem, no fundo é nitidamente visível o intuito da catequese – conversão e batismo do pagão.

o atrativo maior das festas do Divino Espírito Santo. É na congada que se pode sentir como foi grande a contribuição hispânica ao nosso folclore. É um pouco da luta contra a África branca chegando até nós, através de Castela, que deu uma direção nova aos impulsos guerreiros dos "congos" ou dos próprios mouros, transformando um ódio racial em uma lição evangélica. A congada, uma tese guerreira que recorda a reconquista da península Ibérica, é empregada como elemento catártico, sublimando ódios, dirigindo-os em algo construtivo – um auto popular da luta de cristãos e mouros que termina com a blandícia daqueles, trazendo para seu redil o adversário. A despeito da violência dos membranofônios, nesse cantochão azabumbado, sente-se a música cheia de ternura e misticismo da liturgia da congada; nesse complexo do cerimonial do canto, os atabaques acompanham com a seguinte batida:

O terno da congada é uma verdadeira confraria religiosa, seguindo a orientação de um rei cuja função transcende a de dirigir as danças, evoluções e embaixada; ele é um líder, um conselheiro. O padroeiro da congada é São Benedito:

O terno da congada para a representação da embaixada divide-se em dois grupos distintos: os *cristãos*, chefiados na referta no auto pelo imperador Carlos Magno, "que era o primeiro rei cristão" – o "nosso rei de Congo", como dizem os congueiros; e os adversários, os *mouros*, comandados por Ferrabrás, acompanhados dos "seus turcos", onde se distingue pela capa vermelha e bizarra o embaixador.

A parte dramática por excelência da congada é a embaixada, que se torna o ponto central desse bailado popular.

Embaixada

Na praça pública, em local tradicionalmente usado para a representação teatral, como sejam os pátios fronteiros às igrejas de Nossa Senhora do Rosário ou de São Benedito, chegam os congos, dançando e cantando. Silenciam. Formam um grande quadrilátero, sentando-se em uma cadeira (trono) o rei de Congo ou Carlos Magno.

Para dar início ao teatro catequético – a embaixada – os congos cantaram:

Quem num viu piriquito falá (bis)
Alerta os ovido i venha iscuitá. (bis)

Termina a parlenga, os mouros são batizados, todos, sob a égide do cristianismo; exultantes, cantam, finalizando a parte dramática da congada:

Com favô de Deus esta bataia acabô,
a bataia está vencida, reis de Congo que ganhô.

Como na "Canção de Rolando", na congada, o campeão, o vencedor, é Carlos Magno – o grande rei cristão, aqui chamado *reis de Congo*.

A congada é a canção épica da catequese em terras brasileiras.

MARUJADA*

A marujada é praticada com maior amplitude na *região da jangada*, como atrativo alto das festas natalinas (RN, PB, PE) e na agrícola açucareira. Surge em alguns pontos no interior dos estados de Minas Gerais e Bahia, na *região do vaqueiro*; constatada em três pontos na *região da ubá*: no Espírito Santo (barca, maruja), em São Paulo e Rio Grande do Sul. Em agosto de 1961, a marujada de Montes Claros (MG) chamou-nos a atenção, primeiramente pelo grande número de versos cantados e a semelhança das músicas com as de Alagoas. Embora em regiões tão distantes, dão-nos a idéia de unidade, ou seja, do *substratum* luso que vive em nossas tradições.

No estado de São Paulo vimo-la em dois municípios caiçaras: Iguape e Sete Barras.

A história da colonização do Brasil nos mostra que ele é um país onde houve dispersão demográfica. Não é de se estranhar, portanto, que o fenômeno da dispersão tenha se dado também com a memória coletiva.

Acreditamos que a marujada tenha sido trazida por nortistas, "nordestinos do litoral que são uns andejos". É bem possível, pois é muito maior a mobilidade dos moradores do litoral do que a dos interioranos.

Pode ser que a marujada seja a desagregação de um rico tema primitivo. Como nada de positivo temos a esse respeito, porque a documentação escrita é parca ou inexistente, acode-nos também a idéia de que se está processando a composição de um tema. Esta é outra face do problema. Se a composição de um tema está se dando, então urge registrar tudo a fim de que possamos firmar nossos estudos sobre bases sólidas. Se decomposição, mais urgente deve ser a missão de se fazer tal recolta.

Como em quase todos os bailados tradicionais brasileiros, o elemento feminino também não entra na marujada de Iguape.

Oitenta pessoas tomam parte na marujada: general ou general almirantado, capitão inglês, padre capelão, rei mouro, príncipe ou infante de Marrocos – que também é o embaixador, capitão-de-mar-e-guerra, ajudante-de-ordens do capitão inglês, piloto, tenente guarda-marinha, bandeireiros (dois, um

---

* Fernando de Castro Pires de Lima, A *"Nau Catrineta"*, Lisboa, Portucalense, 1954, p. 92.
"A *Nau Catrineta* nasceu em Portugal, encontrou-se na Madeira e Açores, e chegou ao Brasil. Não há dúvida nenhuma que se trata de uma jóia folclórica de real valor e cheia de emocionante enredo. Profundamente lusíada, só o Brasil a poderia compreender e sentir, porque o Brasil é o prolongamento legítimo da pátria portuguesa. O sofrimento dos grandes capitães do mar largo sem ter fundo é bem descrito nesses versos admiráveis da *Nau Catrineta*. Os *Lusíadas* cantam a Índia e o seu descobrimento; a *Nau Catrineta* canta o drama intenso da história trágico-marítima."

menino dos mouros e um moço dos cristãos), gajeiro grande, médico, dentista, ajudante Laurindo, comandante, tocador de caixa, de tambor, de rabeca (dois rabequistas), vassalos (Irra e Delerário), capitão patrão, caretinha (ou comissário ou cozinheiro), cristãos (30, todos trazem um rosário), também chamados portugueses ou marinheiros, e os mouros (24, não trazem rosário), também chamados infiéis.

Auto da marujada

Lá no Porto da Peça, no alto do morro, velho canhão dá um tiro de pólvora seca. Os que foram a pé até ao Porto da Ribeira vêm agora numa só barca que, "chegando de Portugal", aporta no Porto Grande, o primitivo porto da cidade. Desembarcam e, formando duas colunas (cristãos na frente e mouros atrás), dirigem-se à igreja de São Benedito. Esperam que finalize a missa para dar início ao "ato", que é desenvolvido defronte da igreja. Formam, aí, um retângulo de mais ou menos 25 × 8 metros de tamanho. Nos dois lados maiores do retângulo, duas colunas se defrontam. Nos dois lados menores, em cada lado, são colocadas três cadeiras. As seis personagens que vão tomar assento nessas cadeiras defrontam-se. O retângulo formado pelos marujos tem uma área de mais ou menos 120 m², na qual eles podem movimentar-se com desembaraço.

Cristãos e mouros ficam separados. Os cristãos ficam a leste quando sentados: general, capitão inglês e padre capelão. Os mouros ficam a oeste, quando também sentados: rei, embaixador, havendo uma cadeira livre que, no desenrolar do drama, será ocupada. Atrás dos cristãos fica uma bandeira, que eles dizem ser a bandeira de Portugal; é azul e branca, tendo no centro o antigo escudo português. Um marinheiro, de bonezinho com listas brancas e azuis na pala, empunha essa bandeira. Atrás dos mouros, um menino segura a bandeira da Turquia. É vermelha, tendo no centro o crescente e uma estrela. A bandeira da Turquia é feita de cetim vermelho, e a de Portugal, de filele.

Uma vez todos acomodados, tem início a parte dramática, com a saída do capitão patrão, que está na fila encabeçada pelo capitão-de-mar-e-guerra. Batendo um adufe, dá uma volta na área interna do retângulo e, em voz alta e compassada, diz:

> Cheguemo todos camarada,
> em frente desta Capela;
> o lucro desta jornada,
> cheguemo em frente dela.

Dá gosto hoje, neste dia,
ao nosso São Benedito,
a quem devemo louvá.

Os 30 marinheiros, que ficaram 15 de cada lado do retângulo, cantam fazendo o gesto de quem rema, e, quando vai finalizando o canto, prestam continência ao general, que se levanta de perto do rei mouro e se dirige ao príncipe. Os marinheiros fazem o gesto de remar, ritmando seus movimentos com o canto a duas vozes.

Moçambique

Localização geográfica

Desde que nos iniciamos nos estudos do folclore nacional, ainda quando nos encontrávamos nos bancos universitários, em 1944, coletando dados para uma tese em antropologia social, relacionamos cerca de duas centenas de companhias de moçambique* só em São Paulo, sem falar das que registramos em Minas Gerais, Rio de Janeiro, Goiás e Mato Grosso.

Função medicinal

A dança atual de moçambique, além de se prestar para que devotos prestem um culto coletivo e ao mesmo tempo individual em louvor a São Benedito, assume também caráter de dança medicinal, curativa. Quando um menino ou moço fica doente das pernas, uma das promessas mais comuns é a de dançar moçambique.

Outras funções da dança poderíamos apontar, porque, embora tenha o caráter profundamente religioso, os moçambiqueiros e mesmo as autoridades não percebem que ela é uma forma de recreação sadia para se aproveitar eficiente e beneficamente as horas de lazer. É musical, coreográfica, ginástica, social e seletiva. Sim, seletiva, os próprios moçambiqueiros afirmam: "Quando ficar velho vou ser congueiro, porque moçambique é dança de moço, não se pode ter as juntas enferrujadas e... velhice." Não encontramos algo que evidencie o "caráter mágico" do moçambique, o religioso sim.

---

* O bailado do moçambique já foi aproveitado condignamente no teatro pelo teatrólogo e folclorista Luís Carlos Barbosa Lessa na expressiva peça baseada no folclore paulista intitulada *Rainha de Moçambique*. Um exemplo a ser imitado.

Função religiosa

O fato de ter um estandarte aponta-nos, como já nos referimos, de estar intimamente ligado a uma instituição religiosa, nesse caso a uma confraria. Aliás, hoje algumas companhias ou ternos de moçambiqueiros pertencem à Conferência de São Benedito. Os vínculos religiosos, pretéritos ou não deste bailado, estão presentes no simbolismo do estandarte. Ali está a efígie de São Benedito, que pertence ao *flos sanctorum* católico romano. Prestam reverência ao símbolo, beijam-no, descobrem-se em sua presença. É o rei quem o conduz e, ao visitar uma casa, o dono o recebe nos umbrais de sua porta. No local onde está o estandarte não fumam nem falam alto, não proferem dichotes ou palavras obscenas. Não usam estandarte sem que tenha sido benzido pelo padre. Os que, por velhos, ficaram fora de uso, são guardados na capela. Traços reveladores da concepção de que há entre eles uma hierarquia, de objetos sagrados, pontilhados desse culto rústico a São Benedito.

Outro vínculo entre o bailado do moçambique e a religião reside no fato de o moçambiqueiro sentir que está desempenhando um serviço ao santo. E por ser "dança de riligião", como dizem, não recebem pagamento para executá-la, bem como se esforçam para comprar todo o uniforme para "agradar o santo", isso revela também o caráter religioso das funções do bailado.

O grau de institucionalização dessas companhias de moçambique pode ser avaliado pelos elementos recolhidos em 1944, em Cunha, com Benedito Domiciano da Silva, do bairro de Capivara: "Os moçambiqueiros têm que fazer matrícula e pagar um imposto anual para São Benedito. Esse dinheiro é pago à Diocese de Taubaté."

A dança dentro da capela

Como a consideram "dança de religião", *dançam-na dentro das capelas rurais*, principalmente por ocasião dos ensaios da companhia.

Dentro da capela não dançam com bastão, somente cantam e dançam batendo os pés. O bastão é arma, e esta deve ficar fora do lugar sagrado. Entretanto, pode ser colocado no chão para se pular, e tão-somente; o que não pode é bater um contra o outro como se estivessem esgrimindo.

Coroação

De modo geral a cerimônia da coroação do rei e da rainha se passa dentro da capela ou no pátio fronteiro e assim se processa: sentam-se ao centro da roda que os moçambiqueiros formam. Em pé ficam os príncipes e princesas que porventura façam parte do séquito real. O rei é o guardador, quem empunha o estandarte.

Os moçambiqueiros vão cantando e rodando, batendo os bastões acima da cabeça dos que estão ao centro da roda. Cruzam os bastões, dois a dois, e os colocam sobre a cabeça do rei, depois da rainha. Aumentam o raio do círculo e diminuem, quando então colocam os bastões, coroando. Giram tanto no sentido lunar como no solar. Primeiramente no lunar, e, a um apito do mestre, começam a girar no sentido solar, isto é, no sentido dos ponteiros do relógio.

Sentam-se rei e rainha, quando duas almofadas trazidas pelo capitão, uma verde e outra amarela, são colocadas na frente destes, ajoelham-se e os dois menores moçambiqueiros da companhia coroam o rei primeiramente e depois a rainha.

Organização

Uma companhia de moçambique compõe-se de no mínimo seis dançadores. Os maiores ternos conhecidos são de 32, contando-se os instrumentistas. Há um rei, às vezes uma rainha, príncipes e princesas, um mestre, um contramestre, dois capitães. Algumas companhias têm um general, outras um marechal.

A figura mais importante de uma companhia é o *mestre*, que enfeixa em suas mãos a disciplina e organização da companhia e a quem compete realizar os ensaios, combinar os dias para a realização das danças nas festas comunitárias ou de bairro rural, as viagens. A ele está afeta a parte musical. As cantorias são "puxadas" pelo mestre que as improvisa, segundo as necessidades, saudando autoridades ou lugares onde vão dançar. O mestre determina o início das danças, é o coreógrafo da companhia, dele parte a ordem de preparar-se para a dança, o imperativo "amarrar paiá". Desta ordem, já surgiu quem a denominasse erradamente de "dança do marrapaiá".

Uniforme

A uniformização é a mais simples possível: trajam-se geralmente de branco. Camisa, calças, gorro brancos. Neste há diversos enfeites bordados com linhas de cores verde, vermelha, azul, amarela ou fitas e lacinhos de cores pregados com alfinetes. A camisa é branca, tendo algumas fitinhas pregadas nos ombros. Nos braços às vezes pregam também alguns laços de fitas. Usam a tiracolo uma fita da cor adotada pela companhia de moçambique a que pertencem. Geralmente a cor preferida é a vermelha. A calça é branca, nela não há enfeites. Somente é amarrada sob o joelho por um paiá, e pouco acima do tornozelo por barbante, ficando aculotada para dar maior liberdade de movimentos ao moçambiqueiro.

Com exceção do rei e de todos os tocadores de instrumentos, todos os moçambiqueiros usam um bastão de madeira, preferivelmente de guatambu, de 1,20 metros de comprimento, mais ou menos, da grossura de um cabo de vassoura.

Instrumentos musicais

Variam de um terno para outro. Os mais ricos possuem violas, violões, cavaquinhos, rabecas, caixa-de-guerra, caixa clara ou repique, adufes ou pandeiros, canzás, chocalhos de lata, "pernengome", tamborins, reco-recos. As companhias mais modestas e de recente formação, apenas uma caixa clara e um adufe ou chocalho.

O paiá, também chamado matungo ou conguinho ou coquinho, segundo sua função, pode ser integrado entre os instrumentos musicais. O mesmo pode acontecer com o bastão, quando se entrechoca para dar o ritmo. No entanto consideramo-lo um implemento, como implemento é o apito usado pelo mestre para chamar a atenção dos dançadores; o próprio estandarte também é um implemento, implemento sagrado.

Preparação – Os ensaios são feitos aos domingos pela manhã ou sábados à tarde.

A duração dessa preparação hebdomadária é de mais ou menos seis horas. Não precisam estar uniformizados para os ensaios.

Cantoria e dança – A qualquer ação precede o canto. Compete ao mestre improvisar o verso e a música.

Podem-se dividir as cantorias de acordo com os ambientes em que se encontra a companhia: *cantorias de roça* e *cantorias da cidade*.

Na *roça* é a visitação à capela ou casas onde pedem para ir cantar. Na *cidade* se apresentam outras oportunidades, como sejam as de acompanhar procissões, dançar defronte à igreja, prestar homenagem às autoridades religiosas ou civis.

Caiapó

O caiapó é um bailado ou, como diria o saudoso Mário de Andrade, uma dança dramática. Hoje é raramente encontrado. Sabemos notícias a seu respeito, fora do estado de São Paulo, no sul de Minas e em Goiás. No passado, era dançado em várias cidades paulistas (Itapetininga, Piracicaba, Botucatu, Tatuí etc.) por ocasião do Natal.

Tivemos oportunidade de vê-lo poucas vezes: em 1942 em Atibaia, em 1945 em Ilhabela, em 1949 em São Luís do Paraitinga e Mairiporã, em 1953 em Piracaia, São José do Rio Pardo e recentemente em Ubatuba.

O caiapó era um grupo composto de 12 elementos: curumi, cacique (assim o chamavam, embora suas funções fossem de pajé) e dez dançadores. Pela pequena parte exposta do corpo dos participantes, tivemos a impressão de que havia três pessoas de cor preta e as demais eram caiçaras, de tez bronzeada.

Todos usavam máscaras com bastos penachos, pintadas de cores bizarras. Uns vestiam camiseta branca sem mangas; outros, cor-de-carne, mangas compridas. Todos de calção e, por cima deste, um saiote de palha. Na cintura, uma faixa de barbante trançado, com pequenas penas coloridas, atravessadas. Jarreteiras e tornozeleiras de penas. Todos descalços. Alguns traziam a tiracolo uma faixa de algodão trançado, onde costuravam tufos de penas de cores naturais das aves: saíras, tiês, bonitos, puvis e sanhaços. Colares de pequenos búzios ou conchas nacaradas. Todos, com exceção do curumi e cacique, empunhavam arco e flecha. A função principal desse instrumento era acompanhar o ritmo do tambor. Se bem que, no momento da morte do curumi, eles apontassem a "arma" na direção dos "brancos" (assistência).

Quilombo

O quilombo é um folguedo tradicional alagoano muito pouco conhecido dos estudiosos de nossa antropologia tropical.

A recreação é uma necessidade orgânica e ao mesmo tempo integradora do homem ao meio social. Ela estabelece e facilita as relações de cordialidade. As festas foram sempre uma força de acomodação social. Ajudaram a integrar o ádvena ao novo ambiente para onde veio sob jugo servil. Quilombos, reisados, guerreiros, baianas etc. eram as distrações profanas permitidas.

Participantes

O quilombo compõe-se de cerca de 50 pessoas. São dois grupos distintos: negros e caboclos. Cada qual com seu rei. Cada rei tem o seu secretário, cujas funções são as de "carteiro", embaixador. No bando dos negros há uma rainha, uma "Catirina" e um "pai do mato". Às vezes aparece a "onça." Além desses elementos destacados, no *quilombo* a "tripulação" de cada grupo é de 20 pessoas.

Preparação

Na praça pública constroem uma grande paliçada, um cercado de palha – é o mocambo. Há uma porta só. Permanentemente guardada por um "fiscal". Fazem mais dois pequenos mocambos, um para os negros, outro para os caboclos. Eles servirão para acomodar os participantes do quilombo pouco antes da parte dramática.

Na noite anterior ao dia da festa, os participantes do quilombo fazem os "roubos". "Roubam" tudo que é possível. Chegam a trazer canoas taparicas, animais, cadeiras, sacos de mantimentos etc. Nada, porém, entra ali sem ser registrado o nome da pessoa de quem foi "roubada" alguma coisa. A finalidade do "fiscal" é a de registrar. Os animais não passam fome porque até sua alimentação é providenciada. O mocambo fica abarrotado com os "roubos" feitos pelos quilombos.

No dia da festa os donos das casas "roubadas", quando não dão pela falta, são avisados para retirar do mocambo o que foi "roubado", tendo que pagar uma importância qualquer. Uns pagam com larga generosidade, outros nem tanto. O "roubo" é reposto mediante pagamento, dinheiro esse que reverterá para cobrir as despesas da festa.

O espetáculo

Tem começo mais ou menos às 15 horas, quando o povo começa a rodear o mocambo, momento em que se iniciam os resgates das cousas "roubadas".

Caboclos destroem a seguir o mocambo grande. Depois dessa parte inicial vem a dramática e a seguir as danças: *samba negro* e *dá-lhe toré*.

Os caboclos roubam a rainha dos negros. Esta é levada para o mocambo dos caboclos. O rei dos negros envia uma carta, por intermédio do carteiro, ao rei dos caboclos. Este, por sua vez, manda seu carteiro entregar uma carta ao rei dos negros. É a carta anunciadora da guerra. Tem início o combate dos caboclos contra os negros. Estes manejando suas foices, e os caboclos, arco-e-flecha. Enquanto lutam sob o ritmo ditado pelas zabumba, caixa e tabocas (pífanos), às escondidas, pai do mato e Catirina roubam novamente a rainha, trazendo-a para o mocambo dos negros. A luta prossegue. A vitória é dos caboclos, pois estes matam todos os negros. *Mas o rei dos caboclos, tomando uma folha de mato, fá-los ressuscitar.* Tornam-se então seus "escravos".

Aparece a onça e quer pegar um negro. "Negro é isca de onça", gritam freneticamente. A luta é grande entre o negro e a onça. Luta sob a regência da música vivaz das tabocas. Depois de dançar muito, a onça é presa. Os demais fazem como cachorros, latindo, ganindo. É na taboca que tocam o chamado dos cães caçadores. Vai acuando até que a onça procura esconder-se no mocambo. Prendem-na e a vendem. É vendida aos pedaços: "Quanto me dão pela rabada, pelo couro, pela cabeça, pelas unhas da onça?"...

Às vezes, quando o povo está distraído com as representações, ainda Catirina sai para fazer mais alguns "roubos" que são trazidos para o círculo que se fecha em torno, feito pelos quilombos.

Finalizando a parte dramática, os caboclos saem pelas casas e pela rua vendendo os "escravos". A rainha é vendida na casa das principais autoridades da cidade. Os demais são vendidos nas casas das pessoas de posse. O dinheiro arrecadado com a venda dos "escravos" é empregado para pagar as despesas da festa.

Na rua, o negro se ajoelha perto do transeunte: "ioiô, compra o nego véio", "Meu branco tem pena do nego véio", "Meu branco, solta o nego véio". Só se levanta quando dão uns níqueis. O dono do escravo os recebe. Ai daquele que não der, pode ser abraçado em plena rua... e o "escravo" está sujíssimo.

O rei dos caboclos bate palmas numa casa. "Ó de casa! Dotô Toinho (assim é chamado o Prefeito pelo povo) tá? Vim vendê este escravo, que por ser rei dos negros alcança bom preço na mão de vosmicê." O comprador dá uma importância ao vendedor do "escravo". É a reminiscência da destruição dos Palmares, o "zumbi" alcança o melhor preço.

Finda a venda da "escravaria", voltam para a praça e os caboclos destroem os mocambos pequenos. Têm início as danças. Caboclos dançam o toré, e os negros, o samba negro. Zabumba, caixa e tabocas entram em ação. E na dança amanhecem os quilombos. Os padecimentos do passado são desforrados, tudo é alegria.

LAMBE-SUJO

A festa do lambe-sujo é conhecida em Sergipe, principalmente na sua capital bem como em algumas cidades são-franciscanas como Parapitinga, Neópolis, Propriá, arremedo muito desataviado do quilombo alagoano. É o nome de um bailado popular regional sergipano.

CABOCOLINHOS

De sabor indígena este bailado, pois no Nordeste o vocábulo caboclo, sua acepção mais generalizada é de designar o índio, o autóctone, o filho da terra, o natural, o legítimo brasileiro, quando muito, cruza de índia com branco, dando aquele tipo de cor bronzeada e cabelos escorridos, lisos. E "cabocolinhos" são os filhos dos caboclos.

Outra presença do bugre nesse bailado se faz sentir através dos instrumentos musicais, destacadamente o pífano. Conhecido também por taboca. Às vezes entram de parceria canzá e reco-reco (conforme nos informaram em Sapé (PB). Completa o instrumental, utilizado tão-somente para o ritmo, um arco-e-flecha que a maioria dos cabocolinhos (caboquinhos raramente é ouvido) empunha.

Os cabocolinhos do Nordeste na região açucareira e da jangada assemelham-se ao caiapó paulista, mais simples porém, porque pouco vão além do cortejo, do desfile pelas ruas em demanda das praças públicas onde pinoteiam, imitam ataque e defesa quando aparece o apaziguador, um rei cuja túnica azul (vermelha em Penedo, Alagoas) chama a atenção, mormente quando vem acompanhado por dois curumis (príncipes?) em trajes de índios – quase nus. A falação não existe, porém a gesticulação é abundante. Fingimento de morte, embora tragicômico, apresenta arte, ou melhor, grande habilidade pessoal do caboclo-velho (ex-embarcadiço, sargento reformado da Marinha), quem sabe acostumado a ver a morte, pois é conhecido como grande rezador de "sentinelas", isto é, velórios em Mamanguape (PB).

Merece especial destaque neste bailado a atuação do terno de música (cabaçal ou cavaçal), cuja habilidade dos dois pifeiros (ou gaiteiros) completava o espetáculo... isso antes de os músicos terem "enchido a cara de cachaça", bebido em demasia, trazendo aborrecimentos ao sargento Mundico, mestre dos cabocolinhos. No primeiro dia afirmou que na qualidade de diretor expulsaria aqueles dois que "bebem de apanhar de lenço" (os dois pifeiros). Mas, noutro dia, lá estavam.

REISADO

No período natalino, na região brasileira da jangada, aparece o auto popular denominado *reisado*, alegrando geralmente à noite as cidades e os povoados nordestinos.

No baixo São Francisco, notadamente, misturou-se com outros bailados, por exemplo com o dos congos, pelo menos é o que se percebe através da indumentária. Sincretismo também com o próprio bumba-meu-boi, que o admite como um dos seus *entremeios*, isto é, as representações, as *peças* que são as danças cantadas, narrativas de assuntos e motivos os mais variados em que misturam amor e guerra, religião e história local, representando a guerra com o vibrar de espadas e toques de maracás.

Indumentária

Dentre os vários bailados, o reisado certamente é o que apresenta os trajes os mais garridos pelos muitos e vários enfeites, destacadamente por causa dos espelhinhos, vidrilhos, lentejoulas, aljôfares, que enchem os saiotes axadrezados e capas de cetim. A parte mais atraente está no chapéu todo enfeitado de fitas e espelhinhos. Esses espelhos têm uma finalidade mágica, funcionam como amuleto, servem para o choque de retorno: todo o mal, todos os maus desejos que baterem naqueles espelhos retornarão para quem os tenha tido. Eles têm função amulética, defensiva, protetiva, é o que afirmam.

As coroas são de uso privativo do rei e da rainha. Já os palhaços usam um chapéu cônico chamado *cafuringa* ou *gafurinha*.

Participantes

Vários são os participantes do reisado: rei, rainha, secretário, guias e contraguias, mestre, mestra e contramestre, Mateus, palhaço, lira, embaixadores ou embaixatrizes, governador, estrela, índio Peri, sereia. O número de mestres, guias, embaixadores, Mateus, varia de cidade para cidade. Em Piaçabuçu (AL), além do rei, rainha, havia um mestre, um Mateus e só. No Ceará, por exemplo, são outros os nomes: papangu, careta, mascarado, caboclo, velha, caboré, ema, bode, cazuza, galante, dama, burra, capelão, figuras que pertencem em outros lugares ao bumba-meu-boi. É que houve sincretismo com o boi-de-reis.

Danças

A coreografia é paupérrima. Nas danças por eles denominadas *peças*, executam os mais variados passos, deixando aparecer a criação individual dos dançadores. Costumam batizar os passos com os nomes mais diferentes e, duma cidade para outra, variam; somente alguns fundamentais são conhecidos aqui e acolá: "vai-não-vai", "corrupio", "gingado", "esquipança" (imitando o galope do cavalo), "sapateado", "pisa-mansinho" etc. O mesmo acontece com as representações onde há a presença de vários animais: urso, cavalo-marinho, burrinha, jaraguá, zabelê, bem como pessoas: Corcunda, Mané-da-velha-Rita, Capitão-de-Campo ou Capitão-do-Mato e o infalível Boi, que repete a tese da ressurreição mediante um bom clister que lhe dão, constituindo a parte tragicômica do reisado. Aliás, nos *guerreiros* a cena da ressurreição se repete, quando a lira morre sendo a seguir ressurreta.

No ciclo natalino, cantam e dançam sob o ritmo ditado pelo fole (sanfona ou harmônica), adufes, caixa de guerra ou zabumba. Ao chegar num local, cantam os pedidos de licença ou abertura de porta, fazem as louvações aos donos da casa ou dos cercados, agradecem os comes e bebes oferecidos, depois retirada ou despedida. Dançam nas casas, nos cercados, praças, mercados, galpões etc.

Quando há muita gente ao redor do *reisado*, os participantes colocam seus próprios chapéus ou entregam seu instrumento musical ou espada nas mãos desses assistentes, ou colocam uma fita ou lenço no ombro de um conhecido qualquer, ficando este na obrigação de dar-lhe um "numerado", isto é, uma oferta em nota, dinheiro em papel. Ai de quem não der, de quem não lhes atribua uma "sorte", ficará por conta dos Mateus... que não lhes pouparão os chicotes de réstias de cebola, os mesmos com os quais espantam a meninada afoita que atormenta o boi na hora de sua "repartição" e morte.

GUERREIROS

Segundo nos afiançaram vários informantes, os *guerreiros* são auto muito novo, datando de 30 ou 40 anos, quando muito, o seu aparecimento.

Nota-se nele a mesma constituição dos antigos *reisados*; houve certamente algum sincretismo com outros temas: a presença de dois grupos de guerreiros confirma a hipótese da mistura de episódios representados.

É um bailado de temas soltos, sem ligação. Notamos que a tese da ressurreição por duas vezes é pregada nesse novel bailado: quando morre a lira e depois por ocasião da morte do boi, entremeio final dos guerreiros alagoanos. Aliás, os *guerreiros* parecem ser exclusivamente alagoanos.

BUMBA-MEU-BOI

O bumba-meu-boi é um bailado popular largamente praticado no Brasil, no qual se nota a presença de vários elementos da arqueocivilização: animais que falam e dançam, a ressurreição do boi, animal este que para alguns autores é um elemento totêmico. Há um pequeno enredo, de grande simplicidade, sendo que após algumas peripécias matam o boi e sua carne é distribuída. É uma reminiscência do banquete totêmico ou tal distribuição simbólica, feita por um cantador, um trovador que sempre provoca hilaridade, não representará o antigo *pottlatch*?

Não se pode afirmar com base histórica seja este bailado popular genuinamente brasileiro e será literatice sem fundamento científico, escudada apenas na observação de palanque, o afirmar seja o bumba-meu-boi o mais notável do Brasil. O boi é tema de bailado universal e em nosso país não se restringe apenas à região da "civilização do couro"; ele é encontrado tanto na área da pesca como na agrícola.

O bumba-meu-boi brasileiro não tem boi de verdade, é boi-de-jacá, boi-de-armação, feito de taquaras ou ripas finas de madeira, recoberto por um pano ordinário; de real tem apenas a cabeça que é uma caveira de boi ou vaca com os respectivos chifres. Nessa peça imitativa do boi se intromete o *tripa* homem, que se propõe a sair com a carcaça bovina sobre a sua...

Não são bumba-meu-boi o *boi*, *boizinho*, *dança do boi* de Peruíbe ou de Ubatuba, bem como o *boi-de-jacá* de Pindamonhangaba. Não são, como se poderia supor, figuras desgarradas do bumba-meu-boi. Pode-se pensar em alguma ligação é com o boi que saía acompanhando a miota em Cunha ou São Luís do Paraitinga, por ocasião das festas do Divino Espírito Santo, porque o boi morre, sua carne é repartida pelo violeiro cantador, depois o boi ressuscita dando investidas aos presentes. É o boi Araçá, Pitanga, Barroso, Espaço etc., para quem, diz o canto popular em todo o Brasil, com algumas variações:

mandei fazer um laço
do couro de um jacaré,
pra laçar o boi barroso,
no meu cavalo pangaré.

Boi-de-jacá pindamonhangabense ou boizinho ubatubano e peruibense não são figuras desgarradas do bumba-meu-boi. A presença deles em São Paulo se deve provavelmente à antiga prática da tourada largamente disseminada, uma das distrações mais populares. Em Peruíbe o boi é acompanhado por um gigantão – o "Pereira". São pescadores, caiçaras paulistas, os componentes desse grupo carnavalesco.

A urdidura da composição dramática é de grande simplicidade, não emprestando ao bailado foros de notabilidade. O fundamental é a ressurreição do animal-tema, havendo pequenas variações das quais daremos as três mais encontradiças. O boi é guardado por vaqueiros. Um destes, num momento de desatino, sacrifica-o. Há uma contenda por causa da morte do boi. Entrementes, sai um brincante correndo buscar um doutor que lhe aplica um clister miraculoso, fazendo-o reviver. Depois de dançar novamente, retira-se para repetir noutro lugar o mesmo draminha.

Outra variação: entra o boi que investe como na tourada. Zangam-se e matam-no. O boi não devia morrer porque "ele não sabia que seu dia é hoje", é preciso fazê-lo reviver. Chamam o médico e basta que este encoste no boi sua espada de prata para que ele ressuscite.

No Maranhão, entrecho do bumba-meu-boi consiste no roubo de um boi da fazenda de um latifundiário (branco e opulento), por um preto velho, que deseja saciar o desejo de comer carne manifestado por mãe Catarina, que se encontra grávida, cheia de desejos... O ladrão tem a complacência do capataz da fazenda que faz "vista gorda"; no entanto, provoca a reprovação do proprietário e a ira geral se manifesta como censura a tal ato. Os culpados e mais o boi se apresentam, dançando sob o ritmo vivaz dos tambores.

O bumba-meu-boi é um folguedo noturno, uma recreação sadia e distração para os que mourejaram de sol a sol.

Personagens

Vários fatores contribuem para que os nomes e número de personagens variem de região para região. Em alguns lugares constata-se a presença da mulher participando do bailado; noutros, homens travestidos de mulher. Aliás, a Catarina ou Catirina é sempre um homem com trajes femininos. Presença de meninos. Os trajes são muito simples, roupa comum. Só estão fantasiados alguns participantes. O boi é infalível e onipresente. Os animais como a ema, sapo, burrica, cavalo-marinho são fantasiados a caráter de tais motivos. O número de participantes varia muito. Os grupos medeiam entre 18 e 30 brincantes. A farândola que os acompanha é incontável, às vezes.

No Amazonas e no Pará os nomes mais comuns são: dono da fazenda, amo ou feitor, vaqueiros, índios, mãe Catarina, padre, sacristão, doutor ou curador. No Maranhão, pai Francisco, mãe Catarina, pajé, menino, outros como índios, caboclos e galantes. No Piauí: vaqueiro, Chico, Catirina, primeiro e segundo amo, primeiro e segundo rapaz, caboclo guerreiro, doutor Cachaça, doutor Pilintra, caboclo real. No Ceará costumam distinguir os participantes, chamando àqueles que representam bichos de *figuras*. Há então os mascarados, papangus, vaqueiro, capelão, careta, velha, rapaz, Romão, Eliseu, caboclo, damas, galantes, Mané-gostoso, Juca, e as figuras: Isabelinha, que é a burrinha, caboré, ema, bode, cabeçuda, chamego, fantasma. No Rio Grande do Norte: birico, rosa, contramestre, padre, burrinha, zabelinha, gigante, Mateus, jurubeba, sururuca, pinicapau, amo, bode, urubu, sisudo, bate-queixo, galantes. Em Pernambuco, a nosso ver, o de Goiânia é um dos mais atraentes, mais rico em fantasias do que o de Recife, porém não se igualam aos bumba de Pará e Maranhão, estes verdadeiramente pomposos, sendo que o esmero com que trabalham o boi, os enfeites, são de chamar a atenção. Há grupos com seis galantes, primeira e segunda damas. Mateus, Bastião, valentão, caboclo, caçador, capitão, cavalo-marinho, padre, caipora, burrinha, menino, mulher, ema, babau, Gia Pimenta, chorão, dentista, morto-vivo, Durival. Na Bahia, mestre, vaqueiro, dono do boi, capitão, Mané-cheiroso, burrinha e muitas pastoras. As mesmas que tomam parte na *jegada*. Nessa região o jegue, isto é, o jumento, desempenha muitas funções e a "jegada" é uma farândola de moços e moças que acompanham os "bois". Em Alagoas e Sergipe, principalmente na terra dos marechais, os reisados e guerreiros absorveram o bumba-meu-boi, sendo mera parte daqueles bailados. No Espírito Santo: vaqueiro, Catirina, pai Francisco, cavalo-marinho, "a Fantasma", "lubisome", engenho, loba, tartaruga, jacaré e particularmente o boi jaraguá que os folcloristas Guilherme Santos Neves e Renato Costa Pacheco dão-lhe "batistério" de capixaba genuíno. Em Santa Catarina, boi-de-mamão tem por companheiros o Mateus, doutor, Bernúncia, veado, urubu, cachorro, urso, carneiro, onça, tigre, sapo e vaqueiro. Finalmente, no Rio Grande do Sul, o boizinho é acompanhado pelo vaqueiro, doutor, ginete, cachorro, caipora, urubu, leão, urso e cavalinho.

Instrumental

Os membranofônios são os instrumentos musicais fundamentais do bumba-meu-boi no Norte e Nordeste; já no Sul é a sanfona, harmônica ou gaita de foles. No Piauí, antigamente, usava-se a matraca e apito; hoje há pandeiros, tambor, maracás e puítas. O apito continuou, a matraca desapareceu. No Ceará, além da harmônica, há caixas, cavaquinhos, tamborins, pandeiros e pratos. No Recife, Goiânia e Paulista, zabumba, canzá, viola, violão, rabeca e pandeiros. Em Santa Catarina, pandeiros, gaita de foles, caixa clara, violão. No Rio Grande do Sul, unicamente sanfona.

"*Repartimento*"

Após a morte do boi, há, pelo violeiro ou pelo cantador, que em muitos lugares é chamado o "cabeceira", porque tira as cantigas, a repartição dos pedaços do boi. As peças de carne são oferecidas às pessoas de acordo com o seu grau de importância social e respeito que merecem na comunidade. A língua é considerada o melhor pedaço e é então oferecida ao dono da casa ou às autoridades. Mas os chifres... são oferecidos a um desafeto qualquer e não raro provoca desavença tal oferta pública que traduz uma ofensa. Ao repartimento também chamam de "matança".

No ato do "repartimento" das carnes do boi, nos seus pesos mais procurados, distribuindo carne para o banquete é que alguns autores vislumbram laivos de totemismo do bumba-meu-boi.

O boi morre muitas vezes e ressuscita outras tantas.

PÁSSAROS

No Pará, especialmente em Belém, há um folguedo popular realizado no solstício de inverno, por ocasião das festas de junho, que é um misto de bailado, quase burleta porque representa um pequeno drama jocoso e musicado, cujo tema central é a caçada, ou melhor, a morte e ressurreição de uma ave ou de uma caça do mato.

Acontece que o pássaro pertencia à sua amada; então o caçador se vê em sérias dificuldades e o remédio é conseguir a *ressurreição* dessa ave de tanta estima. Uma vez ressurreta, a festa continua, mudando apenas de local.

Às vezes, em lugar de uma ave, há um animal da fauna amazônica: caititu, quati ou outro que faz parte do passadio de muitos beiradeiros.

A indumentária dos participantes é em geral muito rica e chama a atenção pela beleza dos penachos, dos cocares rutilantes. A criança que faz o papel de ave que vai morrer e depois ressuscitar, em geral, é a que traja as melhores fantasias.

Os pássaros paraenses têm nomes cuja origem está ligada ao ambiente, como sejam, japim, periquito, uirapuru, quati, guariba, e os destoantes, por não serem brasileiros como o rouxinol, além dos animais domésticos: gato, galo.

Por causa da presença desses outros animais que não são pássaros, certamente vem a outra denominação pela qual é também conhecido na Amazônia este bailado; embora com pequenas variações do entrecho referido, chamam-no *cordão-de-bichos*.

A influência indígena se faz sentir neste bailado através do largo uso das plumas, a arte plumária de enfeites se aproxima muito daquela que os autóctones ameríndios empregavam; no uso do arco-e-flecha, sendo ricamente enfeitada a arma do caçador, arma assassina que matou o pássaro de estimação. Alguns componentes do grupo usam bastões enfeitados de penas coloridas. Em alguns *pássaros* o personagem que faz por gestos mágicos a ressurreição é um fantasiado que se parece muito com os pajés. Os próprios tipos humanos participantes desses pássaros são portadores de traços físicos indígenas, raros são os negróides participando e uma boa porcentagem de brancos.

A nosso ver o bailado dos pássaros é uma adaptação amazônica do bumba-meu-boi, feita para crianças.

CAPÍTULO III | Danças

Dança é a arte que se despe de implementos para se exprimir. É unicamente o corpo que se dá ao movimento rítmico. Então, neste elemento somático se imprime a pujança da mente e a vitalidade da alma, quando então o ritmo dinâmico sobrepuja, não raro, o ritmo corpóreo e o musical. Sim, porque o ritmo dinâmico é próprio da dança e não o musical, como muitos julgam, isso porque pode haver dança sem música, como pode também haver dança sem saltos e passos, aquelas em que só se fazem movimentos com os braços, sem sair do lugar, como nas danças segmentárias. Em algumas danças do fandango, por exemplo, muitas vezes, a dama realiza dança segmentária, movimenta somente braços e tronco.

Desde as priscas eras da humanidade a dança esteve presente. Há entre os povos pré-letrados uma série de danças como as de caça, de máscaras, guerreiras e secretas, as nupciais, as de fecundidade ou eróticas ou genéticas, as de nascimento, de iniciação ou circuncisionais, as fúnebres, as medicinais, as de colheita, as lunares, as pleiadares, as festivas ou puramente recreativas, as mágicas, religiosas ou sagradas ou propiciatórias, as imitatórias, as lúdicas etc.

O acervo que apresentamos não é de danças primitivas, e sim folclóricas.

DANÇA-DA-SANTA-CRUZ

Ao redor da praça e nalgumas ruas da vila, as casas ostentam na sua face externa entre a janela e porta, a uma altura de mais ou menos dois metros, uma cruz. São vários os tipos das cruzes, desde a tosca de madeira, das casas mais pobres, tendo a iluminá-las duas velas acesas na calçada, bem juntinhas à parede, até as elétricas, umas de cinco lâmpadas coloridas, outras imitando gás néon. Predomina, porém, este tipo: num fundo de papel vermelho, se destaca uma cruz de madeira revestida de papel verde. Essa cruz, que mede mais ou menos trinta centímetros, está fixada numa trave também revestida de papel verde, que tem nas extremidades lâmpadas elétricas. Na inserção da cruz com a trave, colocam algumas flores naturais, dentre as quais predominam as rosas encarnadas.

É defronte das cruzes que passam a noite dançando... e às vezes vão até o meio-dia, em Itaquaquecetuba (SP).

À frente dos dançantes, vão dois violeiros, e atrás de um deles, um tocador de adufe. Os violeiros são "mestre" e "contramestre". Imediatamente atrás, vêm o "tiple" e o "contralto". O "tiple" era também tocador de adufe. O "mestre" faz a primeira voz; o "contramestre", a segunda. O "tiple" é uma voz atenorada, ou melhor, em falsete, e o contralto é o que faz a voz mais grave de todas. Nas primeiras casas onde dançam há uma completa desorganização porque há muita gente dançando. Mais tarde, pela madrugada afora, atrás dos cantadores, colocam-se os dançantes em coluna por dois.

Os dois ceroferários são os primeiros a chegar; reverentes com suas tochas bruxuleantes, postam-se sob a cruz de uma casa. Seus donos aparecem nas janelas ou porta. Atrás dos violeiros, chegam os dançadores. Os violeiros defrontam a cruz e começam o canto:

> Este é o premero verso;
> que pra Santa Cruiz eu cantu.

Os violeiros apóiam o mento na viola, dedilhando-a na posição "religiosa". Batem os pés, e os demais dançantes também o fazem. Cada dístico improvisado pelo "mestre" é entremeado de pateios. Cantam três dísticos e ao finalizar uma série deles dão três voltas, todos batendo os pés, com exceção apenas dos violeiros. Depois de rodar três vezes, param novamente, ficando os violeiros a defrontar a cruz, enquanto os demais dançantes formam um semicírculo; outras vezes, alinham-se em duas longas filas, que têm à testa os violeiros. O número de rodadas varia, sendo que nas primeiras casas que dançam, dão cinco ou sete voltas. Também o grande número de cruzes os impele a diminuir o número de voltas, a fim de que não fiquem até o meio-dia dançando.

Quando vão cantar para a última rodada, para finalizar, os violeiros aproximam-se da cruz, fazem uma mesura, inclinando a cabeça, dão depois passos à retaguarda; novamente avançam, repetindo três vezes esse gesto que chamam de "beijamento". Ao finalizar o terceiro beijamento a sua cantoria também termina numa oitava acima, com um "oh!" agudíssimo, em falsete. É uma fermata prolongadíssima, que nos faz lembrar um grito indígena. Terminou a dança. Quando vão se retirando dão um estentórico "Viva a Santa Cruiz!", e um rojão espoca no ar.

Os violeiros vão se revezando durante a noite. Dizem que não bebem porque a dança é de religião. Há também mui generalizada a crença de que "quem entrar na dança deve dançar até o amanhecer". Muitos dançam para cumprir promessa: sararam, tudo correu bem no ano agrícola, bem-sucedido nos negócios.

SARABACUÉ

Sarabacué, sarabagué ou sarabaqué são variações dum vocábulo de origem indígena para designar a dança-da-santa-cruz na aldeia de Carapicuíba, nos arredores da capital bandeirante.

Duas são as hipóteses a respeito do sarabacué. Uma de que seja um antigo bailado que representava o ataque dos índios, com a dança das zagaias, culminando com a vitória do jesuíta e catequese dos índios em torno da Santa Cruz. Outra é de que seja o *sarambeque*, antiga dança aristocrática portuguesa que apareceu no Brasil nos fins do século XVII; aqui, depois do Paço, popularizou-se e hoje encontramo-la com as denominações de sarambé, sorongo, na Bahia, Minas Gerais, Goiás, e, em São Paulo, com o nome deturpado para sarabacué ou sarambaqué das danças-da-santa-cruz de Carapicuíba, onde, aliás, parece ser o único local em que persiste.

A dança-de-são-gonçalo de Taubaté

Do oratório de caviúna, de mais de cem anos de uso, foram retirados todos os santos de devoção; deixaram apenas a imagem de São Gonçalo. A pequena mesa, à guisa de altar, estava enfeitada com uma toalha de crivos. Ao redor, folhas de palmeira. Duas velas acesas. A imagem mede 15 centímetros de altura. Sua batina é pardo-escura, capa azul-celeste, chapéu preto, viola na mão, segurada à altura do peito. Está sobre um pedestal vermelho. É uma linda escultura popular feita de barro. As pessoas que tomaram parte na dança são pessoas vindas da roça, velhos conhecidos do festeiro, residem quase todos em sítios e fazendas nas circunjacências de Taubaté. Havia somente um rapaz de cor negra, os demais eram brancos. Trajavam roupas comuns. Pessoas sem cultura, que parecem não ter feito viagens a não ser nas redondezas de Taubaté, umas promessas em Aparecida do Norte, porém acostumados a dançar o são-gonçalo em suas roças.

Costumam, em Taubaté, dividir a dança em cinco partes. Em cada parte cantam de cinco a seis "versos", isto é, quadras. Ao canto de uma quadra ou "verso", ao deslocamento que fazem, sapateado e beijamento, a esse conjunto de canto e coregrafia dão o nome de "volta", e uma "volta" é sempre demorada. A demora depende do número de pares de dançantes. Não raro uma "parte" demora 45 minutos, isso quando apenas cinco ou seis pares participam de uma dança. Entre as "voltas" não há intervalo, porém, entre uma "parte" e outra, há um pequeno, e neste eles não deixam os seus lugares, porque sair é falta de respeito. Esperam até que se realize a quinta parte, que é justamente aquela em que fazem os agradecimentos. E nesse enleio de sincretismo religioso católico-romano e diversão, passam de quatro a cinco horas.

Cururu rural

Há um processo evolutivo, dinâmico, transformando as manifestações coletivas do lazer popular. As danças tradicionais estão desaparecendo; de algumas, como as taieras, só nos resta o nome, e de outras, temos um fenômeno interessante de semântica: o nome da dança ficou como designativo do instrumental, como o afuxé, o tambu, o cucumbi. Uma das mais belas manifestações folclóricas por nós conhecida, o *cururu*, está dentro dessa lei de evolução. Nele já podemos apontar modificações, seguindo, portanto, a evolução das estruturas sociais.

O cururu é uma dança de fundo religioso, geralmente realizada à noite, na qual são cantados desafios dentro de um certo cânone, que se chama "carreira" ou "linha" e que é determinado pelo "pedreste". Embora dentro de um cânone, o canto é inteiramente improvisado, tendo o improvisador de acompanhar a viola, instrumento fundamental do cururu.

Dados os elementos colhidos em nossas pesquisas de campo, tentamos uma dicotomia para o cururu, pela qual propomos chamá-lo de *cururu rural* e *cururu urbano*.

Sem dúvida, o cururu é a mais antiga e brasileira de todas as danças populares; é paulista, piratiningana.

No tempo das entradas e bandeiras, os bandeirantes que partiam de Piratininga, descendo o Anhembi, nos pousos e ranchos, dançavam o cururu, e, dessa forma, a dança, inicialmente aprendida com os jesuítas, foi sendo disseminada por toda a paulistânia – região onde penetrou o bandeirismo.

O cururu rural é, pois, uma dança de cunho religioso. Em geral realizada à noite, numa sala das casas de sítios ou fazendas, e também nas choupanas de sapé. Foi justamente numa choupana de sapé que tivemos a felicidade de ouvir um cururu acompanhado por um cocho, instrumento musical que hoje é uma raridade.

O cururu é um "divertimento" dos moradores dos bairros, arrabaldes, sitiecos fora do perímetro urbano, das vilas, dos arraiais e capelas. Não raro os participantes fazem longas caminhadas para assistir-lhe. O cururu vive hoje afastado da cidade. Para a realização do cururu urbano, que é levado a efeito num teatro de uma urbe da zona cururueira, faz-se necessário pagamento de licença especial, alvarás e de uma série de impostos.

A coreografia do cururu rural é bem pobre. É uma dança de roda. Gira às vezes no sentido solar, isto é, na direção dos ponteiros do relógio, e outras vezes no sentido lunar. Nada podemos constatar sobre tais movimentos; se no sentido solar envolvia magia positiva, ou, no lunar, negativa, ou desejo de expulsão de males. Parece-nos que o movimento no sentido lunar, inverso ao movimento dos ponteiros do relógio, sempre se dá na dança dos negros. No cururu, dança por excelência caipira, de rurícolas, sempre vimos seguir a direção solar; no entanto, neste que estamos descrevendo, a roda movimentou-se no sentido lunar. Quem sabe porque o primeiro porfiador era negro... Mesmo no município de Tietê e noutros cururus assistidos, com "pedrestes" e cururueiros, brancos ou caboclos, a roda girou no sentido solar.

O "pedreste" fica no centro da roda e logo ao início, em geral depois da primeira louvação, sai e senta-se num banco ou cadeira, bem perto, ouvindo o desenrolar dos desafios. Volta ao centro da roda quando vem mudar de "carreira". Embora ele não seja o juiz, o julgador orienta, no entanto, a atenção dos assistentes, apontando, no seu resumo, os melhores cantadores. Muitas vezes da emulação que ele traz aos porfiadores é que nascem os melhores desafios, pois os participantes procuram esmerar-se mais.

João Davi, afamado cururueiro, contou-nos que "não há cururu sem viola". A viola é, portanto, o instrumento fundamental. A música é sempre em tom maior, porque na viola, dizem os violeiros, "não se toca em tom menor".

O adufe é um instrumento membranofônio, de percussão. Os golpes são dados diretamente na membrana que fica estirada sobre um arco (ou quadrado) de madeira. O couro preferido para o adufe é o de quati; na falta deste, o de cabrito. O adufe é o irmão mais velho do pandeiro.

O reco-reco é um instrumento idiofônio. Geralmente feito de taquara.

Canto

Logo que o "pedreste" dispõe todos os cantadores e que os acompanhadores com seus instrumentos se colocam próximos do primeiro porfiador, tem início o canto. O "pedreste" vocaliza o "baixão" ou "arribada" e a seguir começa a cantar os versos improvisados, com a rima em "ino". Como esse cururu é cantado num "pouso do Divino", é justo que a primeira carreira seja dedicada ao Divino. Quando não é nessa ocasião especial, infalivelmente, tanto no cururu rural como no urbano, a primeira carreira é a de São João Batista, o querido santo dos cururueiros, quem sabe por causa da rima pobre e fácil.

A "carreira" ou "linha" é a maneira pela qual devem cantar. Toma o nome de "carreira" a sílaba final das palavras nas quais se vai fazer a rima. E geralmente, como uma sílaba nada significa, tomam um vocábulo e este tem sempre um sentido religioso.

Há também o caso de designar o nome da carreira com uma letra do alfabeto, por exemplo: do "A", do "I", do "S". Assim, a sílaba final de cantá (cantar), falá (falar) dará a "Carreira do A"; "pedi" (pedir), "subi" (subir) dará a "Carreira do I"; amanhece, comece, acontece dará a "Carreira do S"; as duas sílabas finais de menino, divino, "pedino" (pedindo), "cumprino" (cumprindo) e tudo que rimar em "ino" está dentro da "Carreira do Divino". Nos verbos da terceira conjugação é facílimo arranjar muitas rimas, porque no linguajar popular o "d" que entra no particípio presente desaparece sempre.

São muitas as "carreiras". Aquelas cuja rima é rica é considerada por eles como "carrera que percisa munta maginação". As "carreiras" mais comuns são: do "A", "Divino", "Senhor Amado" ou "Sagrado" ou "Jesus Amado", "Cruz Pesada", "Nosso Senhor", "ABC", "Ano", "Presumido", "São João", "Mais ou menos" e do "Dia". As "carreiras" pouco usadas: "Santa Cruz", "Divino Amante", "Escritura", "São Roque", "São Paulo", "São Pedro", "Padre Eterno" e "Presidente" ou "Repente".

O cururu urbano é uma forma de revitalização do folclore. Enquanto o folclore negro tem sido destruído pela urbanização, pelas novas técnicas de subsistência, o cururu tornou-se urbano. Aliás, fomos nós que pela primeira vez propusemos essa distinção do ponto de vista sociológico de *urbano* e *rural*, em 1944.

CATERETÊ

Cateretê, dança usada pelos catequistas, é muito conhecida e difundida entre os caipiras do estado de São Paulo. Na parte média da *região da ubá*, desde Angra dos Reis (RJ) até baía de Paranaguá (PR), ele é dançado com tamancos de madeira dura. Nas zonas pastoris (Guaratinguetá, Itararé e sul do estado de São Paulo, Piraí, no Paraná), usam grandes esporas "chilenas" para retinir; em Taubaté, Cunha, São Luís do Paraitinga, Natividade da Serra, Redenção da Serra, Jambeiro, São Pedro de Catuçaba, Lagoinha, nas danças de que temos participado, quase todos dançam descalços. O dançador do cateretê procura sempre "pisar nas cordas da viola", expressão popular encontrada em todos os lugares citados, que significa ritmar o bater dos pés com o som da viola. Observamos que no estado de São Paulo, em zonas diferentes, à mesma dança dão-lhe nomes diferentes. Assim, em Nazaré Paulista, Piracaia, chamaram-na catira, havendo algumas pessoas nesses lugares que também a chamavam de cateretê. Em Cunha, tivemos oportunidade, por diversas vezes, de tomar parte nessa dança, que chamam de xiba. Em Tietê, Tatuí, Porongaba, Itapetininga e Taubaté, chamam-na de cateretê. Essa é a denominação mais encontrada.

Aluísio de Almeida, pseudônimo do cônego Luís Castanho de Almeida, em *Danças caipiras*, além de confirmar a baralhada que fazem com a denominação dessa dança, afirma que sua área se estende de Sorocaba a Cruz Alta (RS), presente, portanto, na *região campeira*.

Nos cateretê, xiba, catira, bate-pé, batuque de viola ou função de viola, das regiões acima citadas, somente tomam parte elementos do sexo masculino. O cateretê é semiprofano e semi-religioso.

No cateretê em geral tomam parte dois violeiros e cinco ou mais pares de dançantes. O traje é o comum. Em geral todas as danças são realizadas à noite, característica que no sul do país as distingue dos bailados ou danças dramáticas, realizados durante o dia. Não é dança de terreiro, mas de salão, de galpão.

No centro do salão os dançadores formam duas colunas, tendo à testa delas um violeiro-cantador. Um dos violeiros é o "mestre" e o outro é o "contramestre". "Mestre" é a designação popular dada ao violeiro que faz a primeira voz e também é o autor da "moda" que vai ser cantada. "Contramestre" é o que faz a segunda voz. Entre dançantes e violeiros na coluna em que está o "mestre", fica o "tirador de palmas" ou "palmeiro", e, na outra, o "tirador de sapateado", ou "orela". Não raro um só exerce as duas funções de determinar o momento das batidas de palmas e do bater de pés, execução do pateio, porque batem com o pé em cheio no solo. Não é o sapateado batidas da ponta, meia planta e planta do pé; em nossas danças caipiras o que realmente há é o pateio. Ausência do taconeio, batidas do calcanhar, que denunciam origem espanhola.

Os violeiros cantam e batem os pés, não batem palmas. Os dançantes não cantam, mas batem palmas e pés.

FANDANGO

Histórico

O fandango é uma dança profana que teve grande voga em nossa pátria ali pelos fins do século XVIII; chegou mesmo a animar as festanças palacianas no início do século XIX. Fala-se do fandango presente nos festejos do Paço de São Cristóvão. Ao lado dos minuetos emproados e das valsas figuradas, havia o fandango. E foi tão bem recebido, "caindo no gosto de todo mundo", que chegou a afandangar o aristocrático minueto. Vieira Fazenda, nas *Antiqualhas e memórias do Rio de Janeiro*, fala do "minueto afandangado".

Acreditamos que foram os portugueses os introdutores dessa dança aqui no Brasil. Pelos nomes das variações ainda correntes, nossas conhecidas, que fazem parte desse conjunto de danças rurais, julgamos que a introdução lusa seja mais defensável do que a espanhola. Assim é que temos: "marrafa", "manjericão", "tirana", "ciranda", "chimarrita", "cana-verde", palavras que denunciam origem portuguesa. Sabemos também que os açorianos, colonizadores da grande faixa de nosso litoral sul, por volta de 1774 trouxeram o hábito de preencher suas horas de lazer com a dança do fandango.

Localização geográfica

Hoje, no estado de São Paulo, no meio rural, fandango é conjunto de danças de salão. As danças são tradicionais e o bater de pés e palmas é necessário. No Nordeste, fandango é dança dramática. No Sul, é dança-baile. Além do estado do Rio de Janeiro, notadamente em Parati, o fandango é conhecido em toda a região da ubá, praticado, portanto, no litoral paulista, paranaense, santa-catarinense e gaúcho. No Rio Grande do Sul, graças ao trabalho que deve ser imitado dos *Centros Tradicionalistas* e aos esforços de tradicionalistas como Luís Carlos Barbosa Lessa, João Carlos Paixão Cortes, Carlos Galvão Krebs, Augusto Meyer, Moyses Velinho, Manoelito de Ornellas, Walter Spalding, Ênio de Freitas e Castro e outros, o fandango se tornou a dança representativa do folclore gaúcho. Os gaúchos, sentinelas avançadas da nacionalidade, praticam com especial interesse as seguintes danças do fandango: anu, balaio, caranguejo, chimarrita, chimarrita-balão, chula, chotes, meia-canha, pericom, pezinho, querumana, rancheira de carreira, tatu, tirana de dois e tirana de lenço.

Classificação

Os dançadores de fandango do litoral paulista costumam dividi-lo em três categorias: *rufado** ou *batido*, *bailado* ou *valsado* e *rufado-valsado* (ou rufado-bailado).

Fandango rufado é um conjunto de danças em que só entram batidas de pés e palmas, e que são dançadas até meia-noite, exigindo do fandangueiro grande dispêndio de energia. O chico, tirana ou tiraninha, sapo, sarrabalho ou serra-baile, querumana, anu-velho e recortado são fandangos rufados ou batidos.

Fandango valsado é um conjunto de danças nas quais não entram batidas de pés e palmas. Há quando muito toque de castanholas com os dedos. Dança-se madrugada adentro, até o dealbar do dia, quando já estão mais ou menos cansados. O manjericão, faxineira, chamarrita ou chimarrita, graciana, anu-chorado, dandão, cana-verde, ciranda, pericó, monada, marrafa, roda-gem, caranguejo, cobra, volta-senhora são fandangos bailados ou valsados.

Fandango rufado-bailado é dançado a partir de meia-noite até 3 horas da manhã, mais ou menos. As danças têm partes com batidas de pés e palmas, deslizamentos, rodas, giros de valsa. Dentre os *rufados-bailados*, encontramos: pipoca, anu-corrido, pica-pau, sinsará, tonta ou tontinha, ubatubana, que é o mesmo passado ou trançado, dão celidão, feliz amor, mandado, passa-pachola, pagará, tatu.

A corriola, vilão-de-lenço, vilão-de-mala e vilão-de-agulha são danças de forma lúdica, hoje mais preferidas pelas crianças. Realizadas nos intervalos das outras categorias, daí não incluirmos em nenhuma das três citadas.

Ao romper do dia, fecham as janelas da sala, evitando que os raios de sol penetrem nela; dançam então o recortado, a dança que ponto-finaliza o fandango. É da categoria dos rufados. Nós o classificaríamos de "rufadíssimo", pois o bater de pés é violentíssimo e delirante.

Arrolamos os nomes de fandangos cujas danças presenciamos em vários pontos do estado de São Paulo: andorinha, anu-corrido, anu-velho, cana-verde, caboclo, candeeiro, canoa, caranguejo, chamarrita, chico, chimarrete, corriola, dandão, dão celidão, engenho novo, faxineira, feliz amor, graciana, macaco, mandado, manjericão, marrafa, mico, monada, mono, Nhá Maruca, pagará, passa-pachola, pega-fogo, perição, pica-pau, pipoca, piricó, queru-

---

* Rufar – É bater os pés no solo sob o ritmo dos instrumentos musicais, no fandango ou dança-de-são-gonçalo. Segundo Nicanor Miranda, conhecido técnico e esteta da dança, autoridade de renome internacional, há sapateado, pateio e taconeio. Sapatear é bater a ponta do pé, meia planta. Pateio é o bater em cheio no solo, planta, meia planta ou pé todo. Taconeio é o bater só o calcanhar no solo.

mana, recortado, rodagem, samba-lenço, samba-roda, sapo, sarrabalho, sinsará, tatu, ticão, tiraninha, tontinha, trançado, ubatubana, vamo na chácara, vilão-de-agulha, vilão-de-lenço, vilão-de-mala, volta-senhora.

Na região da ubá afirmam que fandango só é bom quando dançado com tamanco. Tamanco de caixeta quando não há raiz de laranjeira e pode ser português ou jau, isto é, trançado.

Outra dança lúdica que se inscreve entre as danças do fandango e que é de origem portuguesa é a *desfeiteira*, nome regional que lhe dão na Amazônia. Dança de pagar prenda, de caráter humorístico: os pares, circunvolucionando pela sala, passam defronte à orquestra composta de violão, cavaquinho, flauta e às vezes trombone. Vão passando os pares, e aquele que ficar defronte à orquestra, no momento que ela parar, é obrigado a dizer um verso, o que o cavalheiro improvisa. Não o fazendo com correção, é vaiado e obrigado a pagar prenda. A *desfeiteira* é dançada como entremeio das demais danças: quadrilha, polca, mazurca, valsa, marchinha, minueto, lundu, xote, vigentes nos sertões da Amazônia.

A desfeiteira se assemelha em parte à graciana, no dizer dos versos, e é, como o vilão, uma dança de entremeio, apropriada para o descanso. Esse descanso repousa na forma lúdica que tal dança assume. Na desfeiteira, embora em algumas zonas da Amazônia os versos sejam um sincretismo de avanhaenga e português, é nítida a influência deste na composição e no próprio arcabouço do verso em "a, b, c, b", redondilha.

O folclorista amazonense Mário Ipiranga Monteiro afirma ser a *desfeiteira* uma espécie de *intermezzo* e de sabor regional. No primeiro caso estamos concordes; no segundo, não; ela é uma dança lúdica que proporciona o descanso aos dançarinos, aos folgazões, apenas regional é o nome, porque sua origem é portuguesa.

Em Santa Catarina, pelo carnaval aparecem os "vilões", que mais parecem "pauliteiros de Miranda", com avantajados bastões, batendo sob o ritmo quente das marchinhas e sambas bem brasileiros.

Em Santos (SP), ali por volta de 1940, havia um folguedo popular com nome de vilão. Graças às correntes imigratórias de espanhóis e portugueses, no carnaval exibiam-se "vilones" e dançavam o "pau-de-fita". No primeiro caso, eram membros da colônia espanhola; no segundo, da lusa. O carnaval absorveu esses grupos de "vilones" e passou então a ser cordão carnavalesco – vilão – congregando foliões santistas filhos desses imigrantes da península Ibérica que se misturam na dança do bate-pau, regida a apito.

Quadrilha e lundu

No Rio de Janeiro, a quadrilha teve grande voga, tão grande que logo se popularizou. Desceu as escadas dos palácios e hoje vive apenas refugiada no *hinterland* brasileiro, aparecendo por ocasião das festas juninas.

A quadrilha sobrevive ainda nas cidades industriais e os seus praticantes a tomam como se fora baile de caipiras, de matutos, dançada nas cidades grandes, principalmente na noite de São João, quando há um resto de carnaval no traje dos dançadores, que procuram imitar ou fantasiar-se à moda caipira. Ela é o elemento principal dos "bailes caipiras", tão deturpados e insossos de hoje.

A quadrilha sofreu um processo de proletarização. No começo deste século era infalivelmente encontrada nos bailes de roça, nos quais a marcação conservava algo da terminologia francesa com os mais deliciosos estropiamentos dos vocábulos originários. Ela aí nada tinha de protocolar como nos palácios, e podemos afirmar: até 1930 era a parte mais deliciosa dos bailes populares das cidades interioranas ou das fazendas cafeicultoras paulistas, dançada nas tulhas ou terreiros de café ao som de sanfonas, findando no mais confuso galope. Já estava, nessa época, em decadência o velho hábito de declamar versos, quadrinhas com intenção amorosa, cheias de lirismo, nos intervalos das partes da quadrilha, no *miudinho*, antes da quinta parte, considerada a mais importante. O dizer quadrinhas dava aos enamorados oportunidade de fazerem suas declarações de amor. Na hora do *miudinho* muitos pais ficavam de "orelha em pé" para ver qual era o moço que estava "arrastando asas" pela sua filha.

Lundu

A quadrilha passou da classe alta, da nobreza, para o povo. Fenômeno inverso aconteceu com o lundu. Ele veio provavelmente da classe inferior, do batuque do escravo, passou pelos espanhóis e portugueses, que o aperfeiçoaram a seu modo, não escondendo nunca sua origem vibrante, convulsiva; coreografia na qual braços e pernas, enfim, corpo todo se agita com aquela ênfase que só os povos primitivos sabem dar às suas danças porque em geral estas são oferendas aos seus deuses, são votivas ao seu panteão de seres sobrenaturais que requerem a posse de seus fiéis através daquela convulsão total, somática, e, quando imitada por povos de outra cultura, emprestam-lhe lubricidade, lascívia, sensualidade, como se vê no *bolero* ou no lundu carioca.

Lundu canção transformou-se para ter entrada nos salões. É a roupagem nova com o velho nome de lundu. Agora é canção cheia de sarcasmo, em que a ironia está presente, a crítica escalpeladora é também graciosa. Foi tão usual que o lundu se tornou declamatório em boa parte de sua crítica. Canto e declamação.

Há entre o lundu canção e seu coevo, o *pasquim*, algo de semelhante – a crítica. Entretanto, o lundu faz uma crítica mais leve que pode ser cantada publicamente nos salões; é impessoal, não dirigida. O pasquim é sátira anônima, embrião das revoltas populares. O lundu, que não nega sua origem africana, é feito às claras. O pasquim é sorrateiro, colocado pelo vão das portas, às escuras. "Botar a boca em Deus e todo o mundo" é a função do pasquim, que se utiliza do ataque pessoal.

O lundu resiste ainda às mais variadas influências do "progresso", da industrialização. Nos dias que correm está presente nos picadeiros desses "circos de cavalinhos" que perambulam pelas cidades interioranas, cantando ao som do violão, criticando os costumes da época.

JONGO

Origem e função social

O jongo é uma dança de origem africana da qual participam homens e mulheres. O canto tem papel importante no desafio versificado – nos "pontos" – e a música é para dança, para facilitar os movimentos, o que é uma função rítmica. Os instrumentos são de percussão – membranofônios –, mais adequados à música primitiva; há também idiofônios. Em poucos lugares do Brasil ela sobrevive, e nesses núcleos, onde houve maior densidade de população negra escrava, possivelmente oriunda de Angola, ainda (o jongo) exerce uma função derivativa, recreacional para os habitantes do meio rural, nos agrupamentos urbanóides.

Localização geográfica

No sul do país, na *região cafeicultora* e na franja paulista, fluminense e capixaba da *região da ubá*, a dança do jongo é sem dúvida a mais rica herança da cultura negra presente em nosso folclore.

O jongo arraigou-se nas *terras por onde andou o café*. Surgiu pela baixada fluminense, subiu a Mantiqueira e persiste no "vale do sol" e nos formadores do rio Paraíba do Sul: Paraibuna e Paraitinga. Entrou também pela zona da mata mineira. No estado montanhês o jongo é conhecido por *caxambu*, aliás, denominação dada também ao instrumento fundamental dessa dança – o atabaque grande, membranofônio, ora chamado tambu, ora angona, ora caxambu. Denominação essa só adstrita ao jongo porque ele tem muitos outros nomes pelo Brasil afora, noutras danças e cerimônias. Presente em Goiás e Espírito Santo.

Percorremos em estudos sociológicos de comunidades rurais vários municípios fluminenses e paulistas do vale do Paraíba do Sul, onde encontramos o jongo. Nas páginas adiante descreveremos os de Taubaté, Cunha e São Luís do Paraitinga. Em mais de 18 municípios da citada região, pequenas são as variações, assemelham-se com qualquer um dos descritos. Porém, dentre todos os que presenciamos, o que mais nos impressionou, por ser diferente, foi o de Areias – uma das "cidades mortas" descritas por Monteiro Lobato.

No pátio fronteiro à velha cadeia pública, realizou-se um jongo em dezembro de 1947. Os dançantes ficavam em hemiciclo ao lado do instrumental, entrando na frente destes, numa área até aquele momento sem ninguém, um dançador solista que fazia os mais complicados passos. Retirava-se. Vinha outro solar.

O solista dançava defronte de uma dama. Esta segurava delicadamente na saia e ficava, sem quase sair do lugar, num gingar ondulante de corpo, acompanhando as mil e uma viravoltas, meneios e requebros que o jongueiro solis-

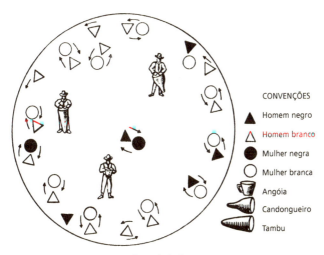

Jongo de Areias.

ta executava. Ela apenas "aceitava a dança", aquele requesto, aquele galanteio coreográfico; não dançava, continuava a cantar o ponto que todos estavam cantando.

Noutros municípios onde participamos do jongo, jamais tínhamos visto uma dança assim: era uma variação diferente. Ali idênticos eram o instrumental, as músicas, os "pontos". A dança era completamente diferente. Anotamos e ficamos "ruminando" sobre o assunto. Em junho de 1961, em Natal (RN), o escritor Veríssimo de Melo, professor de Antropologia Cultural da Faculdade de Filosofia e destacado pesquisador do folclore nacional, nos levou para assistir, no bairro do Alecrim, no "Asa Branca", a uma dança – o bambelô.

Bambelô

Que surpresa! A dança era a mesmíssima dos jongueiros paulistas de Areias. Quando Veríssimo de Melo, exímio cantador de coco, entrou no bambelô a dançar sob o ritmo quente da angonapuíta (atabaque grande), do mugonguê (tamborim), do chama-de-puíta (biritador, atabaque pequeno), do pau-de-semente (canzá), dos maracás e cantando:

> Eh! quem de mim tem pena,
> diga quem de mim tem dó,
> levaram minha patativa,
> deixaram o meu curió,

sentimos como é profunda a influência da arqueocivilização africana.

E a dança prosseguiu; ouviu-se um coco de Leôncio:

> Eu venho do mar de dentro,
> eu venho do mar de fora!

em tudo semelhante aos cantos dos jongueiros paulistas. E é com razão histórica, cujas raízes se entrelaçam no subsolo da arqueocivilização, que na terra de Câmara Cascudo o bambelô é conhecido também por *jongo-de-praia*. Outras denominações dessa modalidade de coco-de-roda: coco-de-zambê*, zambelô, enfim, variações de nome desse interessante divertimento rítmico e popular das praias da cidade do Natal, principalmente por ocasião das festas do solstício do verão.

---

* Zambê – Grande membranofônio de duas membranas estiradas sobre um anel de madeira, carregado na frente do tocador que o percute dos dois lados. Denominação potiguar da zabumba.

Então *bambelô* é vocábulo quimbundo para designar o jongo-de-praia potiguar, dança de roda, sincopada e viva, executada sob o ritmo ardente de instrumentos musicais negros, membranofônios de percussão direta e idiofônios.

Voltemos ao jongo de Areias, por muitos ali chamado de "angona", onde se usava também entre os demais instrumentos de percussão – os membranofônios – o raríssimo cordofônio urucungo e o idiofônio negro – a anguaia. Realmente há muita semelhança desse jongo paulista com o bambelô potiguar. Como delimitar então a área geográfica do jongo que até há pouco para nós não passava da Mantiqueira e do vale do Paraíba do Sul? Ele está presente na *região da ubá* e *da jangada*.

Como traçar a *localização geográfica* do jongo? É mais difícil de ser traçada do que julgávamos. Tão difícil como o "desamarrar" este "ponto" cantado pelo jongueiro Lourenço Paula, de Areias:

> Papai era negro da Costa,
> mamãi era nega banguela,
> papai começô gostá de mamãi,
> foi e casô cum ela,
> eu sô fio deles dois,
> eu tenho duas língua,
> cumo é que posso falá?

Jongo de Taubaté

É uma dança de roda, cuja coreografia não se confunde com a do batuque, visto esta ser dançada em linha, embora ambas sejam de origem africana, e usando os mesmos instrumentos membranofônios de percussão.

Os jongueiros eram homens negros, uns poucos brancos que se intrometeram.

A pessoa que dirige a dança é popularmente chamada "o dono do jongo", e em geral ela é a proprietária dos instrumentos.

Às 20h30 já estavam algumas pessoas, umas 10 ou 12 apenas, e todas eram negras. O Sr. Leôncio e mais um negrinho sorridente batiam o tambu e o candongueiro animadamente.

Um negro já idoso gritava estentoricamente:

"Ô povaria..."

(Sem compasso e com muito portamento):

Ouve-se uma voz gritar fortemente: "me dá licença... me dá licença...". É meio cantado, havendo um portamento, a voz começa alta e vai abaixando como que arrastando as sílabas finais. O "dono do jongo" balança a angóia e se aproxima dos instrumentos.

Canta um "ponto", e todos eles são improvisados, tanto a música como as palavras. Ao repetir o ponto, os instrumentos acompanham-no dando o ritmo. Dança e canto são acompanhados com a seguinte batida:

Na segunda repetição, e às vezes já na primeira, os demais cantam fazendo coro. É admirável o senso musical dos jongueiros. Canta sozinho aquele que lançou o ponto e a seguir os demais jongueiros cantam com ele em coro. Assim vão alternando até o final. O lançador do ponto é o solista, e ao repetir o seu canto, fazendo a primeira voz, os demais cantam harmonizando. Alguns cantam em falsete. Mulheres cantam preferindo a dissonância. Vão cantando, cantando e, às vezes, quase chegam ao êxtase. A monotonia é convidativa. Uma vez afirmado o canto, iniciam a dança que somente pára quando a pessoa que lançou o ponto se aproxima do tambu e coloca a mão sobre ele e grita: "cachoera". Também quando outra pessoa deseja cantar, pede licença ao que lançou o ponto que estão cantando gritando "cachoera"! Todos param e se aproximam dos instrumentos. Assim, noite adentro, até o dealbar do dia.

Pequeno é o intervalo entre um canto e outro.

A música, quase sempre improvisada, tem ora acentos de cunho religioso, ora profano. Pode-se observar que os jongueiros mais velhos têm melodias mais agrestes, e as dos mais moços são mais adocicadas. Talvez alguns jongueiros sejam passíveis da influência destradicionalizadora do rádio.

A dança é realizada no centro do círculo. Homens e mulheres dançam. Aproximam-se, afastam-se, balanceando o corpo, fazem o gesto de dar uma umbigada, tão característica do batuque, porém apenas aproximam o corpo. O homem balanceia para a direita e se aproxima da mulher, esta balanceia também para sua direita, aproximando-se do homem, portanto não se defrontam perfeitamente, ficam um pouco de lado. Agora repetem o mesmo movimento para a esquerda. Vão dando voltas em sentido contrário às do ponteiro do relógio, direção característica que temos encontrado nas danças de roda de origem africana. Os jongueiros ora estão dançando no centro, ora na periferia, os pares se movimentam balanceantemente. Alguns homens sem parceira, porque são poucas as mulheres, ficam dançando sozinhos, e o fazem mais na periferia que no centro da jongada. O jongo não é sapateado, mas sim balanceado, os pés são movimentados para frente e para trás, um pouco de lado, são quase arrastados, não os batem no solo, pisam com o pé inteiro, ao executar o movimento. As mulheres flexionam os braços quando dançam, mantendo as mãos na altura do peito. Quando estão dançando, todos os jongueiros cantam, fazendo coro.

Em Taubaté, "ponto" é o texto-melodia, de caráter improvisado, usado para a dança. Pode ser de uma, de duas ou mais "voltas". Compreende-se por "uma volta" uma estância que é cantada e não tem mais que dois versos; por "duas voltas", quando há quatro versos. Júlio nos informou que primeiramente era costume cantar ponto de duas ou mais voltas, e que hoje somente cantam pontos de uma ou duas.

Exemplo de um ponto de uma volta:

Eu saí de lá di casa pra brincá,
eu cheguei, topei carranca, eu vorto já.

(Os lugares assinalados com asterisco eram executados com portamentos.)

Exemplo de um ponto de duas voltas:

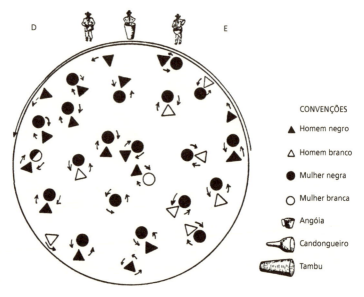

BATUQUE

Batuque no estado de São Paulo é dança de terreiro, onde estão presentes os membranofônios: tambu, quinjengue ou mulemba, e os idiofônios: matraca e guaiá; antigamente o cordofônio urucungo. A zona batuqueira paulista localiza-se no vale do Médio Tietê, abrangendo alguns municípios como Tietê (capital da zona batuqueira), Porto Feliz, Laranjal, Pereiras, Capivari, Botucatu, Piracicaba, Limeira, Rio Claro, São Pedro, Itu, Tatuí. Em Campinas era chamado caiumba, assim o registrou Carlos Gomes. Em Botucatu, até 1920 havia batuques no Largo do Rosário, no dia 13 de maio. Em São Carlos eram famosos os batuques do Cinzeiro, o bairro do Bola Preta, por causa da população negra e pobre que ali residia. Não passava mês sem batuque que de sábado ia a domingo quando o sol raiava.

É uma dança de origem africana. Não sabemos, porém, qual foi o estoque tribal negro que introduziu em nosso estado a dança do batuque; possivelmente é originário de Angola ou Congo. Se ao menos tivéssemos algumas palavras de origem africana colhidas em seu canto, teríamos uma pista mais segura. Em geral as danças primitivas são de roda, por exemplo, o jongo, que é de origem angolesa. Já num estágio mais adiantado, do ponto de vista coreográfico, encontramos o batuque, dança não de roda, mas de duas colunas que se defrontam, e consiste exclusivamente em dar umbigadas.

É uma dança do ritual de procriação.

Algumas danças a Igreja abominou, interditou, dentre elas o batuque, por ser sensual, muito ligado à prostituição da senzala; mas o senhor de escravos fazia "vista gorda", permitindo-o, e foi por isso que chegou até nossos dias.

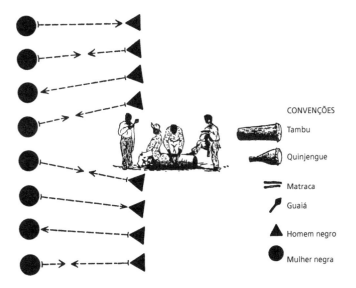

Dança – Uma coluna ou fileira é de homens, junto aos instrumentos musicais que ficam pousados no solo, e defrontando-a fica a de mulheres. Estão separadas uma da outra cerca de 10 a 15 metros, espaço no qual dançam, dando umbigadas. Um batuqueiro não dança sempre com a mesma batuqueira. Após três umbigadas procura batucar com outra.

No batuque não há batidas de pés, tão comuns nas danças de origem ameríndia. Há umbigadas. Quando um batuqueiro, defrontando sua dama, entre uma umbigada e outra, faz meneios de corpo, ajoelha-se, mas sempre dentro do ritmo ditado pelo tambu, a esses movimentos chamam de "jongar". Os batuqueiros mais jovens são habilíssimos nessas figurações, como o pião-parado, o corrupio.

Ao amanhecer, quando vai findando o batuque, a "dança saideira" é o "leva-e-traz". O cavalheiro faz vênia, não dá "batidas" ou umbigadas, vai levar a dama no seu lugar inicial.

Um batuqueiro "modista" faz "poesia" ou "décimas". Outras vezes, cantando em determinada "linha", em dado momento, quando os demais encontram uma boa trova, "suspendem o ponto", isto é, começam a repetir aquela quadra ou "linhada dupla de versos".

Há diferença entre "modista" e "carreirista". Os bons batuqueiros são a um só tempo "modistas-carreiristas". *O modista é o cantador de "décimas"*. Estas são as modas sobre um "fato acontecido". Quando um modista canta uma décima, todos ficam parados ouvindo-o. O *cantador de "carreira"* em geral não canta "moda", *mas somente porfia com outro*. Canta uma quadra em determinada "carreira", ou "linha", e o adversário responde:

> Levantei de madrugada
> fui passeá no meu jardim,
> achei falta de uma rosa
> e um botão de alecrim.

Resposta do carreirista oponente:

> Amanhã alevante mais cedo
> antes do cuitelo vim,
> vá pegá o passarinho
> que feiz isso pra ti.

O modista, após a moda, coloca o ponto, motivo de canto e dança. O carreirista ou modista canta uma quadra, quando todos estão seguros, tanto nas letras como na melodia, pois qualquer um deles pode colocar o ponto; cantará dois versos e os demais batuqueiros cantarão os dois restantes da quadra fixada após a consulta coletiva. O solista canta:

> O amor que não é firme
> eu comparo que nem boi.

Os demais, em coro, completam:

> põe um homem na cadeia,
> ninguém sabe por que foi.

Coco

É a dança dos pobres, dos desprovidos da fortuna, daqueles que possuem apenas as mãos para dar ritmo, para suprir a falta do instrumento musical. E este quando existe é membranofônio ou idiofônio. O canto é acompanhado pelo bater de palmas, porém palmas com as mãos encovadas para que a batida seja mais grave, assemelhando-se mesmo ao ruído do quebrar a casca de um coco (*coco nucifera*), tão abundante em Alagoas, donde parece ser originária essa dança afro-ameríndia.

Fora de Alagoas, observamos que o coco pode tomar o nome do instrumento que o acompanha: coco-de-zambê, coco-de-canzá, coco-de-mugonguê.

Forma-se a roda de homens e mulheres, e ao centro vai o solista que põe o "argumento", isto é, a melodia e o texto. Logo sobressai o refrão cantado pelos demais da roda. Ainda no centro o solista executa requebros e sapateados, passos figurados e, ao finalizar, faz sua vênia ou reverência. Retira-se, entra outro.

Em quase todas as rodas de coco das quais participamos ou a que apenas assistimos no estado de Alagoas, infalivelmente ouvia-se:

É Lâmpi, é Lâmpi, é Lâmpi,
é Lâmpi, é Lampião
meu nome é Virgulino,
apilido é Lampião.

Papai me dê dinheiro
pra comprá um cinturão,
que a vida de um soltero
é andá mais Lampião.

BAIANÁ

Baianá ou grupo das baianas é um conjunto de moças da cidade, oriundas da classe destituída, filhas de beiradeiros pobres, que dançam nos "cercados" e "latadas" no Nordeste na região da jangada e na agrícola açucareira.

Segundo nos informaram em Piaçabuçu, o baianá é oriundo da Bahia. O seu valor musical é muito maior do que o coreográfico. Há muitas músicas, todas alegres, vivazes, cheias de verve, algumas com referências aos acontecimentos presentes, cunho nitidamente urbano.

O grupo das baianas provavelmente é uma forma sincrética dos pastoris com outras danças populares. As baianas estão divididas em dois partidos: Azul e Encarnado. Há uma dirigente, a diretora, há uma mestra que usa um apito para dar as ordens, uma contramestra e uma embaixadora. Dançam dispostas em duas colunas. À frente de uma das colunas se encontra a diretora, e como cerra-fila, a embaixadora; noutra coluna, à testa está a mestra e, à retaguarda, a contramestra. Outras vezes formam duas colunas de cinco baianas, diretora e mestra ficam no meio das colunas, a diretora à frente e a mestra na vanguarda. Enquanto bailam, nesse caso, essas duas trocam de posição. Uma das figurações mais repetidas é a evolução feita pelas cinco baianas de cada coluna, deslocando-se a contramestra e a embaixadora por dentro das colunas, vão trocando de lugares nas colunas: a embaixadora que estava atrás irá ocupar a testa de sua coluna, o mesmo fará a contramestra em sua fila.

Dança e evoluções são simples. Enquanto dançam, cantam, requebram o corpo aproveitando o ritmo profano ditado pelo terno de zabumba, cujos músicos estão sentados em bancos, à frente do grupo de baianas.

MAIS DANÇAS

Tarefa difícil ao pesquisador é reunir as muitas danças brasileiras ainda existentes "por esse mundo de meu Deus" e classificá-las, como procuramos fazer com o fandango. Há um grande número delas que ficariam fora de qualquer classificação que pretendêssemos fazer.

Seria erro imperdoável classificá-las pela origem. Quem pode afirmar com critério científico que uma determinada dança é originária de Portugal, da África ou se a herdamos dos nossos índios? Laboram nessa dificuldade a falta de documentação escrita, e é muito comum esquecer-se da interação dos grupos sociais, dos grupos étnicos postos em contato na nova terra – o Brasil.

De pouquíssimas danças pode-se apontar-lhe a origem, como é o caso do torém. (Não confundir com toré, este é cerimônia; torém é dança.) É uma dança de *origem ameríndia*, foi o que constatamos recentemente no Ceará. A favor dessa afirmativa temos o estudo magistral feito pelo etnólogo Florival Seraine, da Universidade do Ceará. Mas de quantas outras isso seria possível? Por exemplo, o *maculelê*, de Santo Amaro da Purificação, do Recôncavo Baiano, só pelo fato de ser baiano é africano? É um erro muito generalizado este e não raro envolve precipitação. Nele há muito do moçambique bem como do jogo-da-porra português, há muito dos pauliteiros de Miranda, de Portugal. Só o fato de o chefe não ser derrotado pelos demais participantes do maculelê não lhe confere origem africana, entretanto diferencia-o do moçambique. A verdade é que o atual chefe, reorganizador da dança, conforme vimos em junho de 1961 naquela cidade, criou essa "disposição", "regulamentou" a sua "preponderância de direito e de fato" sobre os demais. Só pelo fato de ser dança guerreira também não se pode conferir-lhe origem africana, pois desse tipo de dança há também noutras culturas não-negras.

Hoje o emprego de certas palavras a que imediatamente os "folcloristas" atribuem étimo africano nem sempre é exato, porque há, na Bahia, um esforço muito grande para se vender folclore aos turistas; há, por exemplo, muito candomblé "para inglês ver", ou melhor, "para americano ver e pagar bem", no qual os "brincantes" engrolam muitos vocábulos para dar o "sabor africano", dar essa "originalidade exportável", comprada por excursionistas ávidos de *originality*, de "original" na sua verdadeira acepção de *primitivo*, como nos julgam ser, isto é, "nativos".

Então o critério de classificação pelas origens foi abandonado. Outros seriam fastidiosos de serem iniciados; por causa da carência de tempo, o mais fácil é o da ordem alfabética.

Corta-jaca

Dança individual, ginástica por excelência. O dançador procura, sob o ritmo da música, executar movimentos rapidíssimos com os pés. O movimento dos braços é mais para manter o equilíbrio do corpo porque um dos pés ficando à frente, movido rapidamente, o de trás executando pequenos saltitamentos, ao trocar a função dos pés, há um pequeno desequilíbrio do corpo. Segundo o folclorista piracicabano João Chiarini, é "um trabalho que exige exercício e técnica especiais. Os pés movimentam-se como uma navalha, passando continuamente sobre um assentador de barbeiro. É como se faz o corte da jaca. Os pés marcam a melodia simultaneamente com o rasqueado e com o ponteio das violas. No corta-jaca, a música é mais ligeira, em *alegretto*. O corta-jaca continua 'serra abaixo', que finda com um salto por todo o grupo. Não sei qual é a origem dessa dança curiosa, se é hispânica ou se é criação local. É, porém, de belíssimo efeito".

Frevo

Dança alucinatória do carnaval pernambucano, na qual, quer nos salões, quer nas ruas, o povo a ela se entrega de corpo e alma. Por ser individualista por excelência, tem a preferência do branco. A música, que se assemelha muito às marchinhas cariocas, dá oportunidade para que a coreografia se enriqueça ao máximo com o frenesi dos seus praticantes.

Na verdade é mais popular do que propriamente folclórica, mas não resta dúvida de que nasceu da capoeira. Irmã gêmea da capoeira é a *pernada carioca* levada ao teatro pelo poeta pernambucano Solano Trindade, nas suas aulas para incentivar o aproveitamento do folclore no teatro.

Segundo Waldemar de Oliveira, o frevo ganhou o povo nos albores deste século, portanto é recente, moderno. Esse teatrólogo pernambucano fez uma distinção coreográfica entre *passo* e *frevo*. O primeiro é dança individual e o segundo é dança coletiva. Daí se depreender que passista mais passista é igual a frevo. No entanto, para o povo, tudo é frevo, dança de caráter semi-bárbaro, primitivo, que ressumbra o tropicalismo em que teve o seu berço, despertando do torpor anual, só pelos dias do carnaval, grandes massas incultas de nordestinos que vivem nos mocambos das praias e gamboas – residência de 60% dos moradores do Recife. Povo que é atraído pelo frevo, sendo que a grande força dessa dança brasileira repousa na música em geral ditada por trombones e pistões, portanto música sem canto, e isso é popular e não folclórico.

Embora no frevo sua força repouse na música, esta não é o elemento mais atraente, não passa de marchinha urbana, o que interessa é a coreografia, principalmente o *passo*, criação individual, espontânea mas que já assumiu algumas características definidas, como sejam: a *tesoura*, a *dobradiça*, a *chã-de-barriguinha* (essa modalidade é bem alagoana), a *borboleta*, o *urubu-malandro*, o passo do caranguejo, o *corrupio* ou o *parafuso*; esta é uma das figurações de difícil execução, pois o passista parece até levitar, revelando primorosa forma física. Variedade grande de passos revela por outro lado estar o frevo ainda em fase de composição coreográfica, graças à sua natureza improvisatória.

Há uma figuração no frevo à qual dão o nome de *frevo-capoeira*, verdadeiro dueto de passistas, lutando com uma invisível faca-peixeira nas mãos, dando pulos de onça e de gato; aqueles para a frente e estes para trás.

A impressão que o frevo dá, mesmo quando há "onda", isto é, aquele frenesi coletivo, é que ele é uma dança de roda e o passista é o solista que vai ao centro desta, para as exibições.

O passista é logo distinguido por causa do seu guarda-chuva. Quanto a esse guarda-chuva, disse Mário de Andrade: "eu creio ver no guarda-chuva dos passistas uma desinência decadente (generalizada pelo auxílio de equilíbrio que isso pode dar) dos pálios dos reis africanos, até agora permanecidos noutras danças folclóricas nossas. Nos congos, por exemplo. O guarda-chuva do passista seria assim uma sobrevivência utilitária dum costume afro-negro permanecido entre nós".

Maneiro-pau

Dança viril que se assemelha ao moçambique dos piraquaras paulistas. É atualmente uma dança de roda, originariamente de duas colunas que porfiam simuladamente batendo os porretes tal como se fossem espadas usadas em ataque de prima primeiramente, depois ataques e defesas em posição de quarta e sexta, tal qual na esgrima de florete.

Nas batidas em prima, o que defende auxilia segurando o cacete de jucá com a outra mão, respondendo a seguir também em prima. Depois de várias batidas, atacam e contra-atacam naquelas outras posições mencionadas.

É uma forma gêmea da capoeira no que respeita ao canto. Há um solista ao lado cantando, sem instrumental, o incentivo ao jogo, e o coro, que se forma logo pelos curiosos ali presentes, repete: "maneiro-pau, maneiro-pau". O canto tem muito de baião.

A nosso ver o *maneiro-pau* (maneje o pau) é de origem árabe. Não resta dúvida de que teve uma finalidade no passado – o treinamento da capanga‑da –, pois o cacete é uma arma de defesa que pode salvar em muitas circunstâncias aquele que tenha um bom "maneio do pau", anulando o efeito das "peixeiras agressivas". Hoje, porém (junho de 1962), é uma dança realmente folclórica do Cariri que alegra as festas juninas do Crato ou Juazeiro do Norte ou de outra época do ano. É uma dança máscula e dela só participam homens bem jovens, cuja destreza no bater dos cacetes é de admirar. É um espetáculo muito mais empolgante do que o maculelê baiano. Ambas, porém, são inferiores ao moçambique em coreografia, canto.

Mazurca

Introduzida nos meados do século XIX, foi largamente dançada. Teve um período de esquecimento, voltando a ressurgir, também temporariamente, com o nome de rancheira. É muito tocada por ocasião das festas juninas, nos bailes citadinos que grosseiramente procuram imitar o caipira, o matuto e suas álacres usanças.

Sairé

Dança e canto de louvação religiosa da poranduba amazonense. Carregam em procissão um instrumento de madeira sairé – simbolizando a Arca de Noé, três cruzes da Santíssima Trindade. Conduzindo a sairé visitam depois a igreja, a casa do promotor da festa, do vigário e demais potentados econômicos do lugar, acompanhado pelo canto monótono ritmado pelo tamborim dando um cantochão caboclizado, cantado pelas mulheres, únicas participantes da sairé. É uma dança religiosa, cujo calendário é o da festa do Divino

Espírito Santo, em algumas localidades da região amazônica, noutras é por ocasião de seus santos padroeiros.

Xiba

Denominação que na região da ubá, especialmente no litoral fluminense e paulista (Ubatuba até Caraguatatuba), dão ao cateretê. Não é a quadrilha rural, é o catira ou cateretê com o bater de pés e palmeio. Adotamos a grafia xiba e não chiba porque assim a grafou Rui Barbosa – "xiba".

* * *

Os dois centros mais ativos de reavivamento das danças antigas e folclóricas são os estados rio-grandenses do Norte e do Sul. Em Natal, estudiosos do folclore, membros da Sociedade Brasileira de Folclore, estão prestigiando grupos praticantes. Em junho de 1961, o inesquecível espetáculo a que assistimos nesses grupos levou-nos a dançar a famosa araruna, dança de pares, e em companhia de Veríssimo de Melo gravamos e filmamos tais manifestações. No Rio Grande do Sul, notadamente em Porto Alegre, os centros tradicionalistas e seu eficiente Instituto de Tradições e Folclore se tornaram organizações dignas de serem imitadas pelo Brasil afora pelos que pretendem defender do olvido as nossas tradições, o folclore, como no estado de São Paulo vem fazendo o Centro de Folclore de Piracicaba, o pioneiro no Brasil.

CAPÍTULO IV | Recreação

> *Ita anima christiana ludat ut et
> ludus ipse eruditio sit.*
>
> (S. Jerônimo, ep. VII ad Laetam)

A vida não é só trabalho. É também descanso, lazer.

Como aproveitar as horas de lazer? "Mente desocupada é tenda do diabo", diz o velho ditado. Certamente foi por tal motivo que os catequistas colocaram em prática a recomendação de São Jerônimo: "recreie-se o cristão de tal maneira que o próprio divertimento seja construtivo", daí orientarem os catecúmenos nos folguedos, nos jogos. Estes tonificam a alma, dão saúde física, promovem a sociabilidade, a auto-expressão, trazem a alegria de viver. A recreação está para o homem (para seu corpo, alma e mente) assim como o alimento está para seu organismo. Se o alimento é para a unidade biológica, a recreação o é para a social também.

Os *folguedos populares e tradicionais* serviam para quando o povo, concentrado nas grandes festas religiosas ou não, tivesse nas formas espetaculares de uma cavalhada, por exemplo, uma lição objetiva do bem vencendo o mal, do "mouro infiel" vencido pelo cristão. Era o próprio divertimento contribuindo para a formação religiosa do povo. Uma forma de teatro popular, ribalta da praça pública que o jesuíta aproveitou na catequese.

Noutros tipos de folguedo há a catarse coletiva: o povo vibra quando passa um cortejo de maracatu ou aplaude e grita nas paliçadas da tourada, procedendo-se uma descarga que alivia os impulsos. Exerce, portanto, uma grande função catártica que os agrupamentos humanos necessitam. Função que os romanos decadentes exploraram no *panem et circenses* (Juvenal, *Sátiras*, X, 81) e hoje foi transferida em parte para o jogo do futebol.

Num *jogo popular e tradicional*, como aquele delicioso "Guerreiros de Jó", canta-se movimentando as pedras, exercitam-se as habilidades manual, musical e coordenadora de movimentos. Há um grande acervo de jogos tradicionais e populares, de brinquedos e brincos que desenvolvem outras habilidades, é mesmo "uma livre prossecução de fins fictícios". Sabiamente Baden Powell empregou-os no escotismo para a formação integral do caráter do escoteiro.

Propositadamente deixamos de incluir os jogos cantados e os jogos falados como as adivinhas, parlendas e outras formas. Daqueles trataremos no capítulo V e destes no capítulo VIII. Jogos estes que podem ser explorados com real proveito nos currículos escolares, no escotismo, enfim, onde se queira recrear sadiamente a criança... e adulto também.

Neste capítulo inserimos algumas das formas de recreação popular e tradicional comunal – os *folguedos*, e aquelas praticadas por pequenos grupos – os *jogos* ou, como os chamam particularmente, *brinquedos* e *brincos*.

No *folguedo* numerosa é a assistência, e esta também se recreia simplesmente assistindo a ele. No jogo em geral não há espectadores, quem se recreia são os participantes.

Os folguedos em geral são realizados em datas mais ou menos fixas, em determinadas festas. O maracatu tem a sua data certa. Ele é do período do carnaval, jamais apareceria na Semana Santa. Os jogos não estão jungidos à rigidez calendária, entretanto há alguns próprios de determinado ciclo. O jogo da peteca, por exemplo, é do solstício do inverno... no verão ninguém se lembra da peteca... A criança joga, brinca, a todo instante que possa. O adulto preenche suas horas de lazer jogando.

Atrás afirmamos serem só algumas formas de recreação popular que apresentaremos; sim, apenas algumas, porque nosso trabalho é baseado em pesquisas diretas que temos realizado nestas duas últimas décadas.

Embora tenhamos viajado pelo Brasil quase todo, é trabalho deveras árduo para um pesquisador só realizar, não sendo mesmo possível abarcar tudo. E o pesquisador rejubila-se porque contou com sua própria fazenda para melhor conhecer a terra e a gente brasílicas.

Folguedos, jogos e divertimentos que a tradição nos legou e que o povo brasileiro pratica como formas de recreação. Em folguedos temos: cavalhada, carreira de cavalos, rodeio, tourada, vaquejada, carreira de bois, maracatu, afoxé, briga de galos, briga de canários da terra, capoeira, dança do bate-coxa, entrevero de facão, vivório, mamulengo e pau-de-sebo. Em jogos: brinquedos e brincos. Finalmente em divertimentos: circo de cavalinhos ou bolantins, banda de música.

FOLGUEDOS TRADICIONAIS E POPULARES

Cavalhadas

A cavalhada é uma reminiscência dos torneios da Idade Média, nos quais os aristocratas exibiam, em espetáculo público, sua destreza e valentia. Na época do feudalismo os torneios reviviam os combates de gladiadores dos circos romanos; agora, porém, nobres a cavalo. O combate individual chamava-se *justa*, e o coletivo, *torneio*.

A cavalhada foi praticada em todas as áreas culturais brasileiras, menos na amazônica.

Tipos distintos da cavalhada brasileira

Embora se acentue o desaparecimento das cavalhadas no estado de São Paulo, podem-se assinalar três tipos distintos: *a) cavalhada teatral; b) sério-burlesca;* e *c) religiosa*. Não seriam fases pelas quais passam, mas tipos, sendo que o primeiro e o terceiro ainda existem e o segundo desapareceu completamente sob as rodas dos automóveis de passeio, desde que apareceu o corso carnavalesco motorizado.

A *cavalhada* teatral, herança portuguesa, é a forma mais antiga, introduzida no Brasil no século XVII. Compõe-se de duas partes distintas: a de jogos, igual aos torneios e justas, em que há disputa e evoluções, e outra – a *dramática* –, ostentosa, garrida.

Na disputa há os jogos de destreza, quais sejam o corta-cana, argolinhas, limpeza de lança e garrucha, atirando a "cabeças de turco" com pistola, espetando com a espada as máscaras espalhadas na liça, num árduo entrevero, arremesso de alcanzias, com flores silvestres ou não, às namoradas ou esposas e jogos de agilidade eqüestre, como sejam as manobras, as carreiras em "s" dobrado, em "x", quebra-garupa, quatro tornos, carreira pintada, findando sempre tais exibições com uma saudação aos mantenedores de cada grupo. Na outra parte, na teatral, há a "embaixada" ou a representação da luta entre cristãos e mouros, guerrilhas, ataque ao castelo, roubo da princesa Floripes, troca de embaixadas, escaramuças e despedida. Antigamente o espetáculo se dava em dois dias distintos e subseqüentes, hoje em apenas um, e a cavalhada faz parte de um programa, já não é mais uma festa independente.

O segundo tipo de cavalhada seria o sério-burlesco: compõe-se de um desfile no qual dois grupos distintos chamam a atenção do povo: um, pelo seu manifesto esmero no trajar; outro, pela chocarrice. Estão ali duas classes distintas: a dos aristocratas, sob máscaras de fino lavor, cavalgando animais de trato, os *homens bons* da cidade, e noutro grupo os plebeus representados pelos peões com seus molambos e jogralidades.

O terceiro tipo, o *religioso*, consiste apenas em um desfile de cavaleiros acompanhando procissão. Em geral, esse tipo de cavalhada é denominado "cavalaria de um determinado santo": Cavalaria de São Benedito (Guaratinguetá, São Luís do Paraitinga, Atibaia), Cavalaria de São Roque ou Cavalaria de São Jorge. Em geral, quando termina a procissão, os cavaleiros ou "corredores" de tal santo fazem algumas evoluções simples, a meia-lua, caramujo, manobra zero, como acontece com a Cavalaria de São Benedito por ocasião da festa da Coroação do rei Congo em Guaratinguetá*.

Na cavalhada de Atibaia, do tipo religioso, há um elemento lúdico – a procura do festeiro para chefiar o desfile. No dia 26 de dezembro de 1942, às 16 horas, magotes de cinco a seis cavaleiros passeavam num vaivém assanhado de dia de festança. Cavalos bem aperados dos brancos e negros; os destes, porém, destacavam-se pela garridice dos enfeites de flores vermelhas na cabeçada e até no rabicho. Os cavaleiros não usavam esporas para fustigar seus animais – "porque desagradaria o santo" –, mas sim talas ou chicotes.

Os cavaleiros passeavam de um lado para outro, aos magotes, procurando o "rei" ou festeiro. A busca continua até que às 17 horas é encontrado em "um lugar que ninguém sabia". Um emissário, ao descobrir o rei, dá um tiro de pistola para o ar e como prêmio da descoberta desfilará tendo como ordenança o rei Congo e um congueiro. Há então imediata concentração de todos os cavaleiros participantes da festa de Nossa Senhora do Rosário no local donde partiu aquela salva; agora ouvem-se várias, pois vai ter início o desfile da cavalhada, que percorrerá as principais ruas da cidade – é a procissão a cavalo.

São duas colunas de cavaleiros. À frente vem o corneteiro tocando clarim; atrás, dois cavaleiros: um com bandeira branca enfeitada de fitas amarelas e outro com bandeira amarela e branca em cujo tope do mastro havia uma centena de fitas vermelhas. Atrás dos porta-bandeiras, três cavaleiros: um em trajes civis (aquele que descobrir o esconderijo do rei certamente será o festeiro do ano vindouro) e outros dois que o ladeavam, quais ajudantes de ordem,

---

* Dos participantes da Cavalaria de São Benedito nem todos possuem cavalos, pois a sua grande maioria é gente pobre, roceiros, e então pedem emprestado ao fazendeiro o melhor cavalo. Imediatamente lhes é cedido, porque, caso negue, é crença geral de que o cavalo morrerá naquele ano, não alcançará o próximo dia de São Benedito. "O santo, dizem, se vinga de quem não quer homenageá-lo ou ajudar os pobres", segundo outra versão.

com os uniformes da congada, um era o rei Congo e outro um congueiro. Pouco atrás dos três cavaleiros descritos, vinha o rei ou festeiro, ladeado por dois cavaleiros de branco com suas espadas em guarda; a seguir, cerca de uma centena de cavaleiros. No intervalo entre as duas colunas de cavaleiros em desfile, em frente ao séquito do rei, dois cavaleiros empunhando espadas desembainhadas iam e vinham como que arrumando as colunas – são os mantenedores. Fechando a retaguarda da cavalaria vinha a plebe a pé.

Em São Luís do Paraitinga faziam distinção entre a cavalhada *teatral*, ali também chamada cavalhada de Carlos Magno, e a *religiosa* – cavalhada de São Benedito. Naquela, trajes especiais para os "doze pares de França", nesta não; embora saíssem divididos em duas grandes filas, não havia uniforme, recomendavam apenas que na medida do possível os cavaleiros viessem de branco – "cor de roupa preferida pelo santo de cor – São Benedito".

A recente Cavalaria de São Jorge, organizada pelo monsenhor Silvestre Murari em Tatuí, também não exige traje especial, recomendou-se apenas o uso de trajes brancos pelos cavaleiros de São Jorge, e aqueles que possuíssem cavalos brancos sairiam à frente da procissão. Em Tatuí, no dia 16 de agosto de 1954, ressurge numa região pastoril, antigo caminho das tropas que demandavam a feira de muares de Sorocaba, uma espetacular Cavalaria de São Jorge, na qual se exibem quase todos os eqüinos cavalgáveis do município, no Dia de São Roque – padroeiro dos animais domésticos.

Carreira de cavalos

Histórico

O aparecimento desse folguedo perde-se no passado. Nas festas dos antigos persas, eram realizadas carreiras de cavalos dedicadas ao deus do Sol – Mitra.

A carreira de cavalos passou a ser o esporte predileto dos bretões. Evoluiu, tomou formas diferentes e constitui hoje a tão conhecida corrida de cavalos. Em diversos países do mundo foram construídos ricos hipódromos, havendo especialização na criação e seleção de animais para tiro. Tal forma é muito comum no Brasil, e é de nítida influência inglesa.

Chamava-se raia o local onde os cavalos corriam, geralmente construída num local plano. Capinava-se uma extensão de campo de mais ou menos três "quadras". Uma quadra mede 100 braças, isto é, 220 metros. A extensão comum de uma raia era de duas quadras, e a distância a ser corrida variava. Umas carreiras eram tratadas para quadra e meia; outras, duas e, mui raramente, três.

Antigamente a raia era construída com duas trilhas: a esquerda e a direita.

Os dois corredores, depois de efetuados os movimentos na xiringa ou viradouro, vinham emparelhados até a linha de saída. Quando não estavam bem emparelhados, focinho com focinho, a partida podia ser dada até a distância máxima chamada "fiador com paleta".

Parece que no Brasil a carreira foi introduzida pelos portugueses, que a teriam recebido dos mouros. Em São Paulo, pelo menos, não há a forma de "carreira de penca" ou "califórnia", isto é, onde entram mais de dois animais. Esse tipo parece ter sofrido influência espanhola, o que vem reforçar o nosso ponto de vista: a carreira, isto é, a corrida de dois animais apenas, parece ter vindo de Portugal.

Rodeio

Os lidadores das fainas pastoris encontram, além das formas tradicionais e consagradas de recreação popular da tourada (Centro e Sul) e vaquejada (Nordeste), aquela que na região cafeicultora é conhecida por *rodeio*. É uma nova acepção desse vocábulo, porque ele significa o trabalho que os homens dos criatórios de gado têm de reunir os animais para contar, curar, marcar, dar sal etc.

O rodeio em São Paulo é a doma festiva, é a oportunidade na qual os peões, domadores, pealadores, boiadeiros, tropeiros, enfim, os que lidam e usam animais de montaria, eqüino ou muar, possam, publicamente, mostrar seus dotes e habilidades de bons e guapos cavaleiros, capazes de permanecer cavalgando o animal xucro, sobre seu lombo e sob os aplausos da assistência.

Antigamente, antes de as touradas serem proibidas, a primeira parte destas consistia na *doma*, ou melhor, alguns burros e cavalos xucros e mesmo redomões eram encilhados para o primeiro galope, para o "acerto".

Hoje o rodeio deixou de ser parte do programa da tourada e se tornou um acontecimento notável, autônomo, consagrador do peão de boiadeiro, dos domadores. O rodeio é uma das formas de folguedo popular praticado em geral logo depois do término das longas caminhadas da "comitiva" que após as muitas "marchas" (paradas que durante a viagem a boiada é obrigada a fazer para pouso e contagem) chega ao ponto de entrega da manada. Quando o chefe da "comitiva" vai encostar o "berrante" e o "culatreiro", não vai mais comer pó, porque o seu serviço é o de arrebanhar as reses desgarradas, e o laço que viajou na garupa vai ficar bem ensebado ao sol, para acompanhá-lo depois em muitas outras viagens, ou para que possa demonstrar suas habilidades no rodeio como laçador, pealador.

Enquanto era apenas "doma", o espetáculo era realizado no ambiente acanhado da arena da tourada; hoje, o rodeio se desenrola em praças amplas, em estádios de esportes, campos de futebol. Não é cópia de rodeio norte-americano, é brasileiríssimo, como a gineteada gaúcha.

O rodeio é praticado no centro-oeste e sul do país, principalmente no Rio Grande do Sul. Em São Paulo duas cidades disputam a primazia para ver qual delas realiza o mais empolgante rodeio, e por serem cidades paulistas – Barretos e Pinhal – é que não se esquecem do cateretê (ou, como lá o chamam, de catira) para fechar com chave de ouro o espetáculo dos peões de boiadeiro.

O rodeio em São Paulo nessa atual forma aparatosa é recente; deixou de ser apenas parte de um programa, para ser todo ele um dos mais populares e agradáveis folguedos das regiões campeira e boiadeira, presente também na cafeicultora.

O rodeio atual é uma prova de que a tradição não se extinguiu, ela se renovou, se revitalizou: transformaram uma parte de um folguedo (a tourada, atualmente proibida) em um programa cheio de atrativos, de lances espetaculares, não copiando o rodeio norte-americano tantas vezes visto nas telas de cinema.

No rodeio deve-se ter pena apenas dos rocinantes – cavalos de segunda e das sobras – que entram na doma só para provocar hilaridade.

Tão nosso é o rodeio que no Rio Grande do Sul não houve solução de continuidade na prática gauchesca das gineteadas há muito ali realizadas, porém os centros tradicionalistas e seu operoso Instituto de Tradições e Folclore estão incentivando, repetindo esses jogos recreativos; além de distrair sadiamente, lançam na "fogueira uns gravetos e, de joelhos, sopram-se com força as cinzas do fogão gaúcho, para manter acesa a chama da *tradição*".

O rodeio é a festa coroadora dos esforços desse tipo humano que está a merecer um estudo – o peão de boiadeiro*, indispensável nas lides pastoris, quer na região do campeiro, do boiadeiro, quer na cafeicultora paulista.

Tourada

Certamente nós a recebemos dos portugueses, que, além do tipo "castelhano de trabalhar os touros na praça", têm outro, como seja o das "corridas

---

* No Mato Grosso, entre os peões de boiadeiro, há uma distração generalizada que assume a forma de referta em versos e quadrinhas. Os disputantes encarnam bichos conhecidos: boi, cão, urubu, papagaio etc., vão preferindo seus desafios e assim passam as noites de vigília. Quando o bochorno os obriga à sesta, cada qual na sua rede, esperando que o calor abrande, repete versos tradicionais dessa peleja oral, forma lúdica da literatura oral... distração "de tempo quente"...

a vara larga", em praças improvisadas, muito semelhantes àquela praticada na região sudeste da França, quando, em determindas festas anuais, soltam o touro na aldeia e o povo se diverte a valer, ora correndo o touro, ora, as mais das vezes, correndo dele...

Tourada e vaquejada, duas formas diferentes e que se não confundem, de "lidar" sensacional e festivamente com o bovino bravio ou arisco, formas distintas de folguedo popular, recebidas da Espanha, via Portugal.

Na tourada à moda brasileira não há sangue, não há morte do boi, nem cavalos com as tripas de fora, por causa da imperícia do picador. De quando em vez um toureiro menos prático e mais afoito é espetado nas guampas, mas os demais companheiros o acodem logo, e tudo não passa de um susto. "Caramba, que susto!"

Nosso toureiro é só toureiro e não "espada", como acontece na Espanha, porque o nosso não mata o animal. O capinha espanhol é o nosso "capeador", que apenas excita o "bicho brabo", fazendo fusquinhas com a capa, até cansá-lo. Não temos *bandarilheiros* nem *picadores*. Também não há estratificação de classes entre os toureiros, como acontece na Espanha, onde um "capinha" é sempre "capinha". Aqui um toureiro faz de tudo, toureia, passa capa, escorneia, prega estrelas na testa do animal, pega a unha e... pode até ser palhaço.

O animal que fica preso no "curro", levantada a porta em guilhotina, entra no picadeiro "investindo até na sombra". A bandinha musical, a "furiosa", quando começa o trabalho dos toureiros, capeadores e palhaço, pára o seu dobrado festivo, executado por uma dezena de instrumentos musicais, se tantos há... Foi a "furiosa" que percorreu as ruas principais da cidade, antes do espetáculo, atrás dos toureiros que desfilaram garbosamente sob o ritmo marcial de suas músicas. É um chamariz para o espetáculo.

A tourada é um espetáculo de agilidade, destreza, sangue-frio e arrojo, e é incrível que um toureiro faça tantas e arriscadas pegas, fintas, escorneie, derrube o touro (ou vaca) só para ganhar a "sorte". Sorte é o que um fazendeiro ou "graudão" oferece pela façanha que vai fazer.

Tourear, fintar, passar a capa, pegar a unha, pregar estrelas, escornear, montar é o espetáculo másculo e inofensivo que nos proporciona a tourada brasileira.

Vaquejada

No passado, a vaquejada constituiu a "festa mais tradicional no ciclo do gado nordestino", segundo Luís da Câmara Cascudo. Hoje, é folguedo popular dos mais atraentes do nordeste oriental brasileiro, realizado geralmente no fim do inverno.

Antigamente era uma espécie de mutirão dos vaqueiros. Ajuda e diversão ao mesmo tempo, congregando vaqueiros das ribeiras vizinhas, enchendo de alegria o coração de muitos curumbas.

A vaquejada, belíssimo espetáculo de precisão, agilidade, habilidade e arrojo, é diversão típica do Nordeste oriental, da zona que o curral conquistou para a civilização brasileira. Integra programa de festas, festanças, festarias e até festejos cívicos.

O espetáculo

Nas cercanias da cidade, caminho de Carapotós, preparou-se o cercado, o local onde prenderiam os animais para a lida, e onde a assistência iria aplaudir a perícia dos "homens encourados". Reservou-se o lugar para os cantadores e para a infalível bandinha de música.

Correram nesse dia vinte e poucos bovinos: garrotes, barbatões, marruás espantadiços e uma "vaca para a panelada".

Intensa gritaria precede a saída do animal do curro; dois cavaleiros correm ao seu lado. O barbatão arisco fica no centro. Um dos cavaleiros é o "esteira", que mantém a direção do boi, outro é o ágil vaqueiro. Como por encanto, há silêncio absoluto, só se ouve o resfolegar dos três animais em disparada; num dado momento, o vaqueiro segura a cauda do touro, dá-lhe uma puxada firme, o animal se desequilibra e se estatela no chão. Numa rapidez incrível, o vaqueiro salta de seu cavalo e escorneia o touro no solo, imobilizando-o. A assistência aplaude freneticamente. O herói, que será cantado pelos poetas do sertão e poderá ter um ABC, "virou o boi nos mocotós". A banda toca, espoucam foguetes. O alarido é geral, infernal, consagrador.

O vaqueiro, que pouco antes da corrida prendera o chapéu com o barbicacho no queixo, cavalgando novamente seu corcel, aproxima-se da "tribuna" onde está o promotor da vaquejada que lhe amarra no braço uma fita e é convidado para participar do lauto jantar que será oferecido ao fim do folguedo.

Correm os animais restantes. Quando o vaqueiro é infeliz e não consegue derrubar o garrote, é vaiado porque "botô o boi no mato", "deu-o pras urtigas e cansação"...

Um dos mais jovens vaqueiros, correndo em seu cavalo a toda brida, depois de ter dado uma mucica espetacular num marruá, saltando de sua montaria, prende-o com seus próprios chifres na terra, calmamente retira do arreio um guizo e um tapa-olho de couro, à guisa de máscara, atando-os, e o belo animal saiu tangido, "envergonhado" da pista.

Propositadamente soltaram uma vaca nédia. O "esteira" e vaqueiro emparedaram-na. Com uma violência inenarrável o animal é derrubado e com a queda quebra a perna. O aplauso foi ensurdecedor, certamente porque era "carne para a panelada". O promotor da vaquejada, com visível imponência, e num "gesto de amabilidade eleiçoeira", ofereceu aos presentes aquela rês para a "panelada". Gesto que nos induziu a pensar em "banquete totêmico", em *pottlatch* ou na própria omofagia de Dionísios.

Terminada a vaquejada, jantar na casa do seu promotor, onde, além das autoridades civis, militares e religiosas, anotamos a presença de vaqueiros com fitas no braço. Lá no local da vaquejada, carnearam a vaca e o povo comeu que se arregalou... porque outros animais foram também sacrificados nessa "filantropia" eleitoral.

Maracatu

Histórico

A formação e os caracteres do folclore africano foram determinados, sem dúvida, pelas condições sociais do negro no período colonial e império.

Desde a captura na África, as agruras nos tumbeiros e depois o jugo na senzala e no eito, todos esses penares somados dariam como resultante a destribalização. Negros todos eram, mas não da mesma etnia, daí não terem podido conservar as civilizações tradicionais. Houve um momento de confusão, mas a dor uniu os indivíduos das mais díspares origens étnicas. E eles poderiam voltar-se contra o branco dominador, menor em número, maior, porém, em crueldade.

Forças antagônicas atuavam nesses grupos negros. Era preciso que se odiassem mutuamente para que não volvessem contra o branco; perpetuava-se assim o espírito das "nações", cuja rivalidade era acirrada pelo senhor. E essa política promovida pela oligarquia escravocrata e pela Igreja Católica perdurou. Dela melhor se pode conhecer é na região do massapê, dos canaviais, onde a fixação do braço servil do ábrego continente foi a mais remota em terras brasileiras.

No entanto, o sofrimento, sendo maior, conseguiu que duas forças antagônicas – destribalização e luta entre "nações" – se compusessem, formando um refúgio – canto e dança –, fatos do folclore afro-brasileiro.

A fuga do negro para esse refúgio se dava nas poucas horas de folga que o branco parcimoniosamente lhe dispensava.

E o negro se entregava assim às danças e às cerimônias religiosas como lenitivo. Estas constituíam uma afronta aos princípios da Igreja e ao próprio branco, porque a direção delas estava nas mãos dos líderes negros. Para aquela era a perpetuação do paganismo e para este poderia ser a revolta. A Igreja preparou então novos bailados aproveitando a arqueocivilização negra, e o senhor branco permitia certas danças eróticas – como o batuque – para aumentar-lhe o capital braço-humano, multiplicar-se a mão-de-obra no enlevo genésico que a batucada sugeria e efetuava.

Nesse folclore artificial inclui-se o maracatu que se apresenta por ocasião do carnaval, esse grande catalisador de diversos folclores. O maracatu é análogo à congada, preparada para catequizar o negro; passou de religioso, das irmandades de xangôs, saindo dos átrios, dos terreiros, para penetrar no carnaval como folguedo popular.

Função

Os maracatus tinham no passado um cunho altamente religioso, eram dançados primeiramente diante das igrejas. É resto de culto religioso; a dama-do-paço com a boneca (calunga) é resquício de culto fetichista, símbolo de mando ou sacerdotal. Maracatu hoje é mistura de música primitiva e teatro.

Há, além do desfile desse cortejo real, algo mais que lhe empresta o sentido de apreciado folguedo popular. Como cortejo real, fixam-se as linhas do matriarcado, tão do gosto africano, porque a principal figura é a rainha. Nesse quase-bailado, os cantos, as danças, são em louvor ou estão relacionados com a boneca (calunga), a qual centraliza as atenções de todos os participantes. Rei do maracatu, índio tupi, são figuras apagadas ante a rainha.

Localização geográfica

O maracatu parece ser praticado em Pernambuco, onde é o seu berço, no Ceará, e vimo-lo, também, na cidade de Penedo, em Alagoas, em 1953.

No Recife, no carnaval de 1952 desfilaram *clubes, blocos, troças, cabocolinhos, ursos* e *maracatus*.

No maracatu legítimo ou antigo se pode apreciar, além da indumentária garrida de seus componentes, a presença dos tuxaus com suas lanças repletas de fitas, a dama-do-paço, a imponente rainha e sua corte e o estandarte (Cambinda Estrela e Estrela Brilhante).

Aos porta-estandartes dos grupos carnavalescos está confiado o êxito de seu grupo. Seu grande momento se dará justamente no palanque, em que se exibirá procurando vencer os demais concorrentes. Glória fugaz esta que se conquista anualmente, mas os porta-estandartes pernambucanos sabem cultivar o efêmero mais do que filosoficamente, cultivam-no na prática sob os aplausos, nos palanques onde tudo é transitório.

À primeira vista julgamos que os tuxaus pertencessem ao séquito do maracatu, depois explicaram-nos que esses índios apenas rodeiam a rainha do maracatu ao chegar ou descer do trono. Outras vezes, os tuxaus acompanham os cabocolinhos.

Os tuxaus são uma nota ameríndia no carnaval recifense. Cocares abundantemente recheados de penas enormes formando tufos variegadamente coloridos presos a um turbante que serve para fixar tão vasto enfeite; outros com tufos na cabeça, uma maçaroca de papel e fitas coloridos. Abundância de fitas que se esparramam da cabeça por sobre o saiote axadrezado.

À guisa de anquinhas colocam sobre as nádegas panos de lã para avolumá-la exageradamente. Sobre isso tudo, chocalhos, ou melhor, cincerros. Mas o que caracteriza os tuxaus é a enorme lança toda enfeitada de fitas que trazem nas mãos em atitude belicosa.

Descrever o maracatu é o mesmo que narrar a página mais efusiva do carnaval recifense, o verdadeiro carnaval folclórico: carnaval do negro no qual se sente o coletivo e cooperação presentes nos maracatus, carnaval do branco em que há o individualismo que se sente no frevo. Brancos e negros, saindo dos mocambos, se unem formando os blocos, troças, ursos, clubes etc.

O frevo, embora dança individualista, tem necessidade de um incentivo da massa criando o próprio ritmo. O frevo apareceu há pouco tempo. Parece ser uma transformação da capoeira de Angola que no Recife deu o frevo e no Rio, a pernada carioca.

O carnaval se desenvolveu tanto no Brasil porque falta aqui a superestrutura de ritmos da vida agrícola. Aqui só subsiste como período de condensação – na qual se estabelece o equilíbrio entre a dispersão.

A presença do maracatu no carnaval se justifica, ele é o próprio xangô sem elementos estáticos, místicos, porém os mesmos cantos e os mesmos instrumentos musicais. Uma diferença, porém – seu templo é a praça pública, o altar é o palanque.

Aruenda

Semelhante ao maracatu é o folguedo popular da aruenda, praticado por ocasião do carnaval em Goiana, em Pernambuco, do qual participam negros descendentes de escravos vindos de São Paulo de Loanda.

Dançam primeiramente defronte de um templo católico romano, e só depois de ter cumprido esta obrigação religiosa, os grupos da aruenda se apresentam no tríduo carnavalesco, trazendo à frente do séqüito as bandeiras vistosas, representativas de suas "nações".

Tal qual no maracatu, na aruenda se apresentam: a dama-do-paço, o leão ou rei e as bandeiras, símbolos de cada hoste ou "nação".

Grafamos "paço" (e não "passo") porque esse personagem representa uma acompanhante de honra da rainha, portanto é "dama-do-paço", palaciana.

A dama-do-paço é muitas vezes representada por um homem. É a portadora da "boneca Erondina", para quem dirigem cantos laudatórios.

Logo depois da bandeira, vem a efígie de um leão sobre um carrinho de quatro rodas conduzido por um fâmulo. O leão é feito de papelão ou massa, cuidadosamente pintado, trazendo na cabeça uma coroa – é o Leão Coroado.

Cada uma das "nações" adotou uma igreja da cidade para prestar homenagem antes de "sair na praça" para cantar e são grupos de folguedo que conservaram nomes de sabor africano: Cambinda Brilhante, Cambinda do Porto, Oriente Pequeno, Iaiá Menina, Iaiá Pequena. Esta é a única sobrevivente das demais aruendas. Embora tenha havido entre elas grande animosidade que, em vez de facilitar a perpetuação, graças a essa forma de emulação, trouxe o aniquilamento, desapareceram. Só ficou a aruenda de Iaiá Pequena para contar a história do que foi esse folguedo em Goiana, uma das mais antigas cidades do Brasil, terra de Nunes Machado – herói da Praieira, cidade onde os escravos foram libertos antes da Lei Áurea.

Afoxé ou afuxé

O afoxé baiano tem origem semelhante à do maracatu pernambucano. Ambos vêm da arqueocivilização negra. No presente encontra-se maior número de traços sagrados no afoxé do que no maracatu, cuja secularização dia a dia se torna maior. Seria o sagrado participando do profano no carnaval, porque o afoxé é uma obrigação religiosa que os membros dos candomblés, principalmente os de origem jeje-nagôs, terão que cumprir, cuja saída no período momístico será feita "nem que seja por perto do terreiro".

O afoxé ao sair no carnaval baiano não se mistura com a roda de samba, com as embaixadas, a capoeira, o bumba-meu-boi, com as batucadas alucinantes, porque ele tem características inconfundíveis e dentre elas se destaca a preparação, sem dúvida um ritual religioso; os trajes de cetim e arminho em profusão, caboclas de penachos empunhando arco e flecha de mistura com as filhas-de-santo na sua indumentária típica, saias rodadas e brancas, blusas rendadas, panos da Costa, turbantes, colares de contas. Estas fazem a maioria dos grupos carnavalescos. Conduzem ricos símbolos sagrados: o estandarte vermelho onde recebem as espórtulas (notas em cruzeiros) que ali vão sendo pregadas com alfinete; Babalotim, uma boneca negra nagô com um colar de contas brancas, muito bem vestida, com aqueles olhos arregalados e com riscos paralelos e profundos na face. Essa boneca é o verdadeiro pivô do afoxé. Além da boneca, a Babalotim tem a sua efígie bordada no estandarte.

O afoxé em conclusão é um candomblé adequado ao carnaval, iniciando com um sacrifício, um despacho para que Exu não interrompa as festividades carnavalescas, é o que pedem nesse "padé de Exu" quando, no centro do terreiro, está o que ele mais aprecia: farofa com azeite-de-dendê. Em alguns afoxés imolam um bode para Omulu, isto é, São Roque.

Nesse cerimonial do padé de Exu se encontram os principais elementos do afoxé, cantando, tocando o instrumental sagrado, até que um orixá tome uma das filhas-de-santo. Canta o mestre e as baianas respondem em coro. Canto tristonho, ritualístico, monótono.

Briga de galo

Histórico

Os romanos, acostumados aos jogos sanguinários de gladiadores que não raro deixavam seus anfiteatros mortos, habituados a ver espetáculos de sangue, consideravam as brigas de galo como diversão para crianças. Certamente é por tal razão que nos vasos encontrados em Pompéia são adolescentes ou meninos que estão segurando os galos brigadores.

Em Esparta, os adolescentes presenciavam as brigas de galo com a finalidade de incutir-lhes coragem. Na culta Atenas havia um espetáculo anual obrigatoriamente assistido por jovens que ali iam para aprender com os galos como se deve lutar até ao fim, até extenuar-se.

Na mitologia grega o galo foi consagrado a Marte, devido, talvez, ao seu instinto pugnaz e anunciador da vitória. É no grego que encontramos dois vocábulos: *alectoromancia* e *alectoromaquia*. O primeiro significando as sortes tiradas com o galo. A alectoromaquia (*alektor* – galo e *make* – luta) é a briga de galos. Bem nos indica o quanto é velho esse "esporte" sádico.

Aqui é muito antiga essa forma de "divertimento". Parece que foram os portugueses os introdutores dessa modalidade de "distração só para homens" no Brasil. É bem possível que do intercâmbio dos lusos com povos do Oriente provenham os primeiros galos brigadores, pois tal ave, quando é briguenta, é popularmente conhecida por "galo índio" (o certo seria hindu).

A disputa

O local apropriado para as brigas de galo é a rinha. No Nordeste é rinhadeiro. Há uma sociedade civil cujo regulamento está sempre exposto em lugar visível e é obedecido. Elegem anualmente um presidente, vice-presidente, secretário, tesoureiro, juízes de rebolo e juiz de rinha. As reclamações que podem surgir por causa das decisões de brigas são feitas diretamente ao presidente ou à Diretoria, por ofício.

O secretário faz o livro das atas e responde a correspondência. O tesoureiro guarda a renda da rinha, pois em geral cobram 10% sobre cada aposta. O juiz de rinha recebe as apostas das duas primeiras partes, que são geralmente os donos dos galos.

Briga de canários

Função social

A necessidade da recreação no meio rural brasileiro e mesmo urbano leva os homens a criar ou recriar certas formas de divertimento para preencher suas horas de lazer.

Uma delas é a briga de galos. Acontece que esta se torna dispendiosa, principalmente em se tratando da alimentação a ser dada aos galos porfiadores, aves de raça apurada, selecionada. Na seleção e alimentação reside boa parte da vitória em tais disputas, daí os galos de raça pugnace serem de manutenção caríssima, divertimento para as classes mais aquinhoadas de nossa sociedade.

Muito menos dispendioso do que o galo, com tratamento mais ou menos barato de alpiste e um ovo cozido uma vez por semana, ocupando pequena área, que é a da gaiola, se acha o canário-da-terra ou canário do Ceará (*Sicalis flaveola*, Li.), de pugnacidade impressionante, sendo largamente procurado pelo homem para saciar a sua necessidade de recreação e, muito mais, saciar seus instintos bestiais comprazendo-se no esfrangalhamento de dois fringílidas que se digladiam até sangrar. O ver correr sangue nas brigas de galo ou de canários (porque no Brasil não temos tourada com a morte do touro) satisfaz o instinto dos homens, da posse da virgem, que se contenta e ufana com o sangue que procede. Apostadores em brigas de galo e de canário afirmam sentir como que uma espécie de excitação genésica quando assistem a tais disputas.

O canário, nos poucos minutos de luta contra seu adversário, oferece momentos de intensa vibração, desempenha certamente função catártica, preenche os momentos de lazer de seus possuidores e proporciona aos jogadores e assistentes oportunidade para apostar. Já não é apenas função lúdica, mas favorece essa torpeza ou compensação que a alma humana desorientada busca na sensação do jogo, da aposta.

Capoeira

Histórico

O excelente esporte de ataque e defesa, trazido pelos negros de Angola, foi largamente praticado no Brasil, onde estiveram presentes os escravos daquele estoque racial africano – o banto –, sofreu depois implacável perseguição e recentemente parece renascer.

Poucos cultivam a arte da capoeira – poesia de movimentos, uma coreografia ímpar na qual a ginga do corpo dos exímios contorcionistas dá idéia de que são plumas dançando ao som do berimbau. Infelizmente exíguo é o número dos conhecedores e praticantes dessa luta, camuflada em dança, por causa das perseguições policiais que recebeu no início da República.

No Rio de Janeiro, então metrópole imperial, onde a praticavam largamente, os famosos capoeiras se individualizavam pelo traje. Eram capangas, guarda-costas de políticos do Império, tornando-se um verdadeiro perigo público, pelas arruaças que promoviam – transformavam as festas em festanças... Foi o paulista Sampaio Ferraz, decididamente apoiado pelo marechal-presidente Deodoro da Fonseca, que liquidou com eles, trancafiando-os na cadeia, deportando-os para a ilha de Fernando de Noronha, soltando-os nas pontas de trilhos, noutros estados.

Além dos disputantes há os instrumentistas: berimbau-de-barriga ou urucungo, caxixi, reco-reco. Entre dança, ou melhor, exibição, há um perfeito entrosamento com a música. Só existem quando ambos estão em função. Um não prescinde do outro.

Os golpes mais conhecidos da capoeira são: arrasto ou arrastão, aú, baiana ou baianada ou chincha, balão, baú, banda: de frente, amarrada, forçada e jogada; bananeira, cabeçada, calço ou tombo-de-ladeira, chapa-de-pé, chibata simples e armada, corta-capim ou tosa-capim, dourado, escorão, espada, encruzilhada ou passo X, facão, fecha-beco, lambida-de-sardinha, meia-lua comum e rápida, me-esquece, passo-da-cegonha, peneirar ou pentear, pião, queixada, rabo-de-arraia: de frente, com as duas pernas, com uma perna de lado; rapa, rasteira, sacudida, suicídio, tesoura, tranco, trave, tronco simples e de pescoço, vassourada, vôo-do-morcego e chulipa.

Para os golpes há contragolpes ou defesas, ou salto-de-gato. Para o golpe da rasteira, o contragolpe ou defesa é não saltar; para o tosa-capim, é saltar para trás; do rabo-de-arraia é abaixar-se; do facão é abrir as pernas; do rapa é abrir os pés; da tesoura é saltar para trás, fechando as pernas; da cabeçada é procurar proteger-se com a mão. E outros mais que só a prática dará ao capoeirista.

A capoeira bem poderia ser adotada como a luta típica brasileira. Foi ela que elevou rapidamente de *status* social o mulato, antes de ter este se intrometido noutras esferas sociais, através da luta ingente contra vários obstáculos e dentre eles o mais alcantilado – o preconceito racial. O mulato, mais poupado nos serviços pesados e daí mais flexível que o negro, mais audacioso do que o branco e de tipo somático mais elástico do que o de seus formadores, teve na capoeira a sua melhor arma de ascensão, cujo clímax de satisfação pessoal se encontrava no uso de uma arrecada na orelha esquerda, "como símbolo de valentia que merecia respeito", como afirmou Manuel Querino, em *A Bahia de outrora*.

A capoeira, sob certo aspecto, foi a arma de desforra que o mulato, portanto o brasileiro, usou contra a prepotência do português colonizador. A noite do mata-galego simboliza essa desforra. Revide com o qual o mulato conquistou a cabeçadas e rabo-de-arraia um lugar ao sol, desde então se firmando na política e sociedade brasileiras, primeiro como capanga no tempo do Império, depois na República como cabo eleitoral, depois deputado, senador e até presidente da República.

Pernada carioca

A capoeira, por causa da severa repressão policial que sofreu no despontar da República brasileira, transformou-se, para que pudessem praticá-la, em duas formas nas quais o espírito de luta, de disputa, é superado pelo ritmo, acolitado pela música, dando o *frevo* em Pernambuco e a *pernada carioca* no Rio de Janeiro.

A pernada carioca é, no ano civil, de vida mais longa do que o frevo. Este é praticamente do carnaval, desse período. A pernada carioca é também do carnaval, porém não há sábado de sol em que ela não esteja presente nas favelas, nos bairros pobres cariocas, consistindo uma forma de recreação popular muito saudável pelo exercício que leva seus praticantes a executar, poema de movimentos a animar os morros cariocas.

A pernada carioca tem muito da capoeira baiana, sem berimbau-de-barriga, que foi substituído por uma caixa de engraxate, uma frigideira velha ou uma lata qualquer com a qual dão o ritmo. Ritmo inimitável que só mesmo o negro e seus descendentes sabem ditar e executar. E a pernada se casa perfeitamente com o ritmo e com o canto.

Cambapé

O banho no rio São Francisco – e isso acontece também noutros rios do Nordeste, em certa época do ano, na vacância agrícola – é uma verdadeira instituição. Homens e meninos brincam, e pouco mais afastado o grupo feminino. As brincadeiras, porém, são constatadas apenas no grupo masculino. É o *cambapé*, a cambalhota brusca na água, que nos faz lembrar o rabo-de-arraia da capoeira e a disputa de quem mergulha mais distante e por mais tempo. Na margem medem forças, brincam de derrubar, às vezes a queda de corpo é violenta, mas sempre há apaziguador. Algumas raras vezes essas brincadeiras no rio já foram empanadas pelo infausto de um afogamento.

Esse banho no rio não é o de limpeza propriamente dito, mas o banho de verão, o banho recreativo.

Alguns chamam o cambapé de cangapé ou pernada.

Dança do bate-coxa

Dessa modalidade de recreação, além da recoltada no Baixo São Francisco, na cidade de Piaçabuçu, em Alagoas, não tivemos notícia da existência de tal folguedo noutros lugares por nós pesquisados.

Embora a dança do bate-coxa não se confunda com a capoeira tal qual é exibida atualmente em Salvador, na Bahia, pode ser que seja uma das variações mais violentas dessa luta que o negro nos ensinou.

Os dois contendores, sem camisa, só de calção, amarraram os testículos para trás, aproximaram-se, colocaram peito com peito, apoiando-se mais nos ombros, direito com direito e depois esquerdo com esquerdo. Uma vez apoiados os ombros, ao som do canto de um grupo que está próximo, ao ouvir o "ê, boi", ambos os contendores afastaram a coxa o mais que puderam e chocaram-se num golpe rápido. Depois de batida a coxa direita com a direita, repetiram à esquerda, chocando bruscamente ao ouvir o "ê, boi" do estribilho. A dança prosseguiu até que um dos contendores desistiu e se deu por vencido. O que leva uma queda após a batida é considerado perdedor.

Entrevero de facão

Histórico

Antes do uso da arma de fogo, antes de aparecer a garrucha de dois canos, mais conhecida por "rabo-de-égua", nos "entreveros", nas disputas, entrava em função o "enterçado" ou "terçado", espécie de facão sorocabano (feito em Sorocaba, São Paulo), muito resistente, de cabo de osso, lâmina curva, leve, de fácil manejo, também chamado "facão aparelhado".

Essa arma branca, feita com ferro nacional, certamente das antigas forjas de Ipanema, manipulada pelos fabriqueiros, especialistas no tempero da lâmina, assemelhava-se ao "refe", forma popular de "refle", pequena espada usada pelos soldados da polícia paulista. Como se assemelhava ao "terçado", em muitas disputas este mediu forças com o "refe". Ambos eram apropriados para um "cotejo-de-facão".

O facão aparelhado não era apenas para o uso habitual de abrir picadas em capoeiras de mato fino, para mil e uma utilidades na vida campeira; era também arma de defesa.

A disputa

Segundo a tradição oral correntia em nosso lar paterno, duas eram as formas de disputa com a arma branca que se fazia. A de simples desafio que seria a de "enterçar" as armas: somente mediam forças para verificar a habilidade no manejo do facão, chamavam-na "enterçado". Era uma exibição de destreza, entre amigos. Outra forma era o "entrevero de facão" ou o "cotejo-de-facão". Nesse caso, os disputantes podiam usar na outra mão um pedaço de madeira, geralmente o cabo de relho. Não era lá muito amistoso...

O cotejo-de-facão era uma luta de arma branca que teve largo curso no interior paulista, na região do Peabiru, principalmente por onde andaram os tropeiros, na época do Império. Itararé, Itapetininga, Botucatu, pontos de parada de tropeiros, foram teatro de muitos cotejos. Nesse tipo de luta, os tropeiros paranaenses eram cueras; reviviam, sem o saber, as lutas de espada da tradição medieval.

Rastreando suas origens, possivelmente chegaremos no Rio Grande do Sul. Poucos escritores se ocuparam do cotejo-de-facão, revivência dos espadachins medievais: Frederico Lane, num saboroso conto publicado no *Correio Paulistano*, intitulado "Bonito facão pra tirá um cotejo", e o botucatuense Sebastião de Almeida Pinto, que publicou na *Revista Cruzada Brasileira*, em 1930, os episódios de um "paranista macanudo", Lourenço Maynard (tio-avô do autor), que, em Botucatu, ainda no tempo do Império, depois de uma reunião na raia, numa carreira de cavalos atrás do "Cemitério Velho" (onde hoje é o Fórum), debandou, certa vez, o destacamento policial de meia dúzia de "cabeças-secas", como eram então chamados os soldados de polícia, armados de rifle.

Quer no desafio de enterçado, quer no entrevero ou cotejo-de-facão, não se tem notícia de que houvesse mortes. O contendor vitorioso contentava-se com a derrota de seu oponente. A derrota moral é, muitas vezes, mais dura do que a morte.

Vivório

Em algumas cidades paulistas localizadas no vale do Paraíba do Sul, por ocasião das festas principais da comunidade (hoje reduzidas a um número exíguo: as de fim de ano e Espírito Santo ou Páscoa), há oportunidade para reunir parentes, compadres e amigos. Em geral é nas casas das famílias ricas onde tais comemorações jubilosas se dão, e é hábito, durante a lauta refeição oferecida aos convivas, uma das pessoas presentes dirigir uma saudação ao anfitrião e aos demais participantes do ágape. Tal saudação é popularmente chamada *vivório*. Este, em geral, é feito por pessoa de condição econômica precária ou muito inferior à daqueles que ofereceram o almoço.

Um dos presentes levanta-se, toma em suas mãos uma vasilha qualquer onde esteja a bebida, tigela ou copo e, esfregando o fundo desta na toalha da mesa, diz uns versos em homenagem ao "dono da festa" e convivas. Terminada a saudação, ingere de um sorvo só a bebida. Senta-se e os homenageados agradecem sem bater palmas.

A esse ato de efusão e agradecimento, algumas pessoas chamam de vivório, outros de "fazer o viva". Conhecido também por "vivório de almoço da cidade" ou "vivório da cidade", diferente do que é feito no final de um mutirão, na hora da despedida, um agradecimento coletivo, chamado vivório ou "vivório de mutirão".

O "vivório da cidade" difere do "vivório de mutirão". Aquele é individual, só de versos e sem resposta dos homenageados; este é coletivo, e nele todos cantam enquanto prestam auxílio à "tarefa do patrão", após terminadas as suas. O vivório no mutirão é a parte mais alegre dessa forma de ajuda vicinal a caminho do desaparecimento.

> Viva o povo desta mesa
> e tudo quanto nela estão,
> salvano o dono da casa
> que é da nossa obrigação.

Mamulengo

Histórico

A presença dos fantoches, dos títeres, é assinalada desde a mais remota Antiguidade.

Os fantoches são feitos de madeira, metal, papel, pano, palha, barro etc. São vestidos a caráter. Geralmente cada boneco tem seu nome, a sua "personalidade". Em todas as representações nunca saem de uma determinada "linha de conduta". Assim, o *chorão*, o *briguento*, o *valente*, o *bondoso*, sempre se apresentam com os seus predicados, pelos quais se tornam conhecidos. Além desses personagens "humanos" há também alguns bichos, destacando-se entre nós o brasileiríssimo jacaré.

Com o perpassar do tempo os bonecos foram adquirindo caráter diferente graças à maneira de serem manejados pelo artista; assim é que hoje podemos classificá-los em três grupos distintos: *a)* os de varinha, *b)* os que são movimentados por várias cordinhas, e *c)* os "guignol", isto é, aqueles que são movimentados pela mão do artista que é introduzida dentro do fantoche: o polegar vai a um dos braços, o indicador, ao orifício da cabeça e o médio faz os movimentos do outro braço. A voz é de quem o maneja.

Encontramos o mamulengo em algumas feiras nordestinas fazendo gargalhar crianças e adultos que se aproximam desses "camelôs", que deles se aproveitam para vender os produtos que proclamam.

Função educativa

No Rio Grande do Sul, Carlos Galvão Krebs rastreou a chegada do *Kasperle* com os alemães, e depois de ter alegrado a colônia durante um século nos *kasperletheater*, naturalizou-se brasileiro e "se assina Gaspar" para contar as lendas brasileiras, encenar a brasileiríssima "Negrinho do Pastoreio". Não ficou aí o folclorista gaúcho: ele provocou o encontro, em Porto Alegre, do mamulengo trazido por Augusto Rodrigues e do Gaspar manejado por d. Marta Baumgart, e ambos, de mãos dadas, estão fazendo a alegria da criançada brasileira, porque o teatro de fantoches é uma distração sadia, uma forma de recreação que se inscreve entre os mais elevados meios para educar a infância.

Carlos Galvão Krebs, em 1950, saudou tal encontro com as seguintes palavras: "Foi um encontro histórico o do mamolengo pernambucano, rude, cheio de malícia, e o do *Kasperle*, mais finório e não menos malicioso. Felizmente, por essa época, o *Kasperle* já aprendera a falar o português, e não foi necessário lançar mão da ajuda de intérprete. Desse primeiro encontro nasceu uma cordial amizade, que já começou a dar frutos."

Recentemente a televisão vem divulgando largamente o teatro de fantoches. Em São Paulo e Rio de Janeiro a criançada conhece o mamulengo pelo nome de João Minhoca.

Pau-de-sebo

Nas festas de comunidades é muito comum, quer nas de cunho religioso, profano ou cívico, aparecer uma das mais populares formas de recreação – o pau-de-sebo –, implemento das diversões, das festanças provincianas.

Bem cedo, no dia da festa, um dos últimos retoques da aprontação é o levantamento do pau-de-sebo. Sua altura varia de 5 metros para cima. É cuidadosamente preparado, tirados todos os nódulos que possam existir, alguns lixam-no, sendo depois, por último, revestido com sebo de boi, derretido. No topo colocam um triângulo de madeira quando é em festa do Divino, e neste amarram notas de dinheiro.

JOGOS TRADICIONAIS E POPULARES

Brinquedos e brincos

Nas primeiras páginas deste capítulo procuramos definir as formas da recreação popular apresentando a dicotomia de *folguedos* e *jogos**.

---

* No Brasil, dois folcloristas apresentam classificações dos jogos infantis. O pioneiro é Nicanor Miranda, que no manual prático para instrutores de parques infantis (*200 jogos infantis*) apresentou-a sob os critérios de idade, sexo, jogos individuais etc. Veríssimo de Melo, da Universidade do Rio Grande do Norte (jogos populares do Brasil), classificou os jogos populares e tradicionais em: fórmulas de escolha, jogos gráficos, jogos de competição, jogos de sorte ou de salão e jogos com música. Ver também, de Ruth Gouvêa, *Recreação*, Rio de Janeiro, Agir, 1963, 318 pp.

A moderna pedagogia consagrou o jogo e conseguiu afastar dele aquela idéia antiga que a simples enunciação desse vocábulo evocava – jogo de azar –, coisa realmente abominável. Hoje, quando se fala em jogo, é para designar essa poderosa e salutar arma educativa, uma das mais completas formas de preparação para a vida real, um dos melhores meios para a formação do caráter integral da criança, do adolescente, enfim, do educando. Entretanto, o jogo não é privilégio da criança. Os adultos também jogam. Jogam para retemperar as energias.

Nos jogos populares e tradicionais *infantis*, segundo observações feitas em várias regiões brasileiras, acreditamos que se possa fazer uma dicotomia: *brinquedos* e *brincos ou brincadeiras*. Adotaremos essa divisão para dar uma ordem didática ao acervo de jogos infantis recolhidos, dos quais alguns serão publicados. Seriam *brinquedos* aqueles em que não há disputa, brinca-se por brincar, joga-se por jogar: brincar com boneca, perna-de-pau, cata-vento, papagaio, peteca, passar o filipe, quebra-pote etc. Outra acepção de brinquedo é "objeto com o qual se realiza o jogo, o entretenimento". *Brincos* (ou brincadeira) seriam aqueles jogos em que há disputa, provocam o desejo de ganhar, de vencer: bolinha de gude, jogo da castanha ou pinhão ou fava, futebol de meia linha, acusado, unha-na-mula (um na mula, dois relou, três Filipe Salandré...). O *brinquedo*, às vezes, uma só criança pode realizá-lo, já o *brinco ou brincadeira* requer no mínimo duas ou três. O brinquedo pode gerar crianças tímidas, porém jamais a brincadeira, porque esta provoca a socialização, realiza contatos humanos, porque ela só existe quando crianças se associam para jogar. Brinquedo pode ser individual, brinco é coletivo.

Essa tentativa de divisão deixa muito a desejar porque quanto a alguns jogos haverá certa dificuldade para classificá-los como brinquedo ou brinco, embora em brinquedo quase sempre esteja presente um elemento material com o qual se brinca (até sozinho): bruxa, bodoque, cata-vento etc.; no brinco é prescindível um implemento qualquer, a maioria das vezes, porém a companhia de outros não; a brincadeira a requer. A distinção que se percebe entre os praticantes dessas atividades recreativas parece no entanto estar mais acentuadamente na *disputa* ou *não-disputa*. Na presença ou não do *animus pugnandi*.

Os meninos brasileiros, em suas regiões, aproveitam certos frutos ou sementes com as quais jogam. No Sul é o pinhão, em São Paulo é o pinhão ou a fava do guapuruvu (*Schizolobium excelsum*, Vog.), no Nordeste é a castanha de caju. Em cada região de acordo com a época de tal fruto aparece o brinco: o pinhão no inverno, a fava no outono e o caju no verão, de novembro a janeiro.

Enquanto a fava (*ficha*, como os meninos paulistas a chamam) é jogada geralmente batendo numa parede, os demais, pinhão e castanha, só no chão. Aliás, há um jogo, o *encosto*, que se joga com o pinhão e a castanha para se ver qual se aproxima mais da parede. Encostar e não bater, como no caso da fava. Joga-se o *buraco*, o *toque*, *ponta* ou *cabeça* (é idêntico ao cara ou coroa da moeda), o *castelo*, a *cova*, a *caixeta* é um jogo feito com um piãozinho de quatro faces onde estão as letras: P, D, T, R. No Sul, as letras significam: ponha, deixe, tire e rape. Tirar é um só, rapar é tirar todos. Esse jogo de piãozinho, no Nordeste, é chamado *caipira*. Em Cabedelo, na Paraíba, informaram-nos que há outras maneiras de jogar castanha, o *curre-curre* e *sapatinho-de-judeu*. Tanto um como outro é baseado na adivinhação do número de castanhas que a pessoa terá escondido na mão, apresentando as duas fechadas; no sapatinho-de-judeu, elas ficam superpostas: "o de baixo é meu, o de cima é do judeu".

Jogam a fava, o pinhão ou castanha, as crianças mais pobres da população, principalmente as do Nordeste, que sabem valorizar a castanha do caju, por ser um dos seus alimentos preferidos na época das aperturas.

Os adultos também gostam de jogar. Antigamente, antes do cinema e outras formas pagas de distração, havia os "assustados", um baileco de última hora, e as reuniões sociais nas casas de família onde se praticava um número enorme de jogos tranquilos: berlinda, disparate, enfim, entretenimentos que hoje vivem na memória da "geração dos cinquentões", dos que nasceram antes das duas guerras. E o truco e a víspora? Jogado muitas vezes mais por mera distração do que a dinheiro.

De quando em vez ressurge um jogo como esse atualíssimo do *palitinho*, que era infantil, porém hoje é da preferência dos adultos.

Teríamos que nos delongar por demais em arrolar aqui os muitos jogos praticados pelo povo. Preciso seria também que incluíssemos as novas contribuições que os imigrantes trouxeram. Ocuparia lugar de destaque o famoso e barulhento jogo praticado pelos italianos, conhecido em São Paulo, merecendo há algum tempo passado drástica proibição policial porque no Jardim da Luz não raro saía um "tempo quente" quando se tornava disputadíssimo o "morra".

Morra – Jogo feito com a contagem dos dedos que, somados, daria um número qualquer de zero a dez, e este, coincidindo com o que os contendores diziam antes de colocar a mão na frente, lhe daria ganho. Joga-se com a direita e a mão esquerda serve para contar os pontos ganhos. A disputa é portanto em cinco pontos.

A área de presença do morra é pequena, entretanto ampla é a dos tradicionais como a *víspora*, o *truco*.

Truco – É nome popular de *truque*, jogo de baralho praticado em Portugal e largamente conhecido no Brasil, onde há outras modalidades originárias dele, como o *douradão, douradinha, deizão*. No truco usam baralho de quarenta cartas do qual tiram o 8, o 9 e o 10. Seus valores têm nomes: *zape* é o quatro de paus, *setinho* é o sete de ouros e *espadilha* ou ás de espadas; *corocócó* é o sete de copas. Em geral jogam quatro pessoas, formando dois pares de parceiros ou *parceiragem*. Iniciam o jogo sorteando, colocando o baralho sobre a mesa. Aquele que tirar um número mais alto dará as cartas, iniciando a distribuição a partir de sua esquerda.

Em São Paulo, nas trilhas do Peabiru – "nessa via primitiva de penetração que convidava o homem a desbravar o sertão" –, ele foi largamente disseminado. Era a distração dos desbravadores do sertão. Continua Francisco Marins, em *Clarão na serra*, reproduzindo parte do palavreado correntio nesse jogo: "De vez em quando, ouvia-se uma punhada seca na mesa de cedro: 'Truco mesmo!' O parceiro confirmava: 'Na frente e atrás!'

A resposta vinha num repente, gritada em tom ameaçador: 'Toma seis, papudo, reboque de igreja velha...'

– Sapicuá de lazarento!

O trucador não se intimidava e dobrava a dose: 'Os seis mais treis, pra o que dé e vié.'"

E não falta jogador que goste de "trucar em falso", termo que se popularizou, que saiu da órbita da *trucada* para se tornar linguagem popular significando mentir, falsear, intimidar.

Alguns brincos infantis

Nas noites claras de luar, enquanto as meninas cantam e jogam as suas rondas, os meninos, mais taludinhos (porque os bem pequenos até sete anos em geral acompanham as meninas), que já freqüentam o grupo escolar, fazem os seus grupos de jogos. As atividades recreativas em geral preferidas pelos meninos são aquelas em que há desforço físico, formas que são de preparação para a vida.

Manja

É escolhido um "manjeiro", isto é, o pegador, para iniciar o jogo. Estabelece-se então entre o "manjeiro" (A) e os demais participantes (B) um diálogo:
A – Manja...
B – Manjaré...

A – Farinha de coco, papai Mané, valeu, valeu, pegue eu que sou eu.
B – Farinha no pote, seu pai é um garrote.
A – Farinha no chão, seu pai é um pilão.
B – Farinha na cuia, sua mãe é uma perua.

Ao ser proferida essa última frase, correm todos. O primeiro a chegar na "manja" está livre e o último vai gritar a "manja"; ele será o "manjeiro".

Uma variante desse jogo, no Amazonas, é conhecida por manjolé ou manja.

Gata-parida ou pari-gata

É um jogo violento feito só entre meninos. Sentam-se em um banco e vão apertando-se, apertando-se, até que alguns desistam do aperto, saindo fora do jogo. Os dois últimos são os vencedores, disputando então o banco todo, empurrando até que um caia fora.

Brinquedos

Bruxa

A palavra *bruxa* pode designar pelo menos duas coisas distintas no folclore brasileiro: uma é o duende que pega as crianças, tipificado numa velha feia que chupa o sangue dos recém-nascidos que ainda não foram batizados e dormem sem uma luz acesa no quarto, luz que só se poderá apagar depois do dia do batizado.

Esse primeiro tipo de bruxa vive também na angústia infantil, nos acalantos aterradores. Isso no tempo em que as mães tinham tempo de embalar as crianças no seu regaço e estas dormiam ouvindo um "dorme-nenê" tão conhecido das antigas gerações brasileiras: "durma nenê / que a cuca (ou bruxa) aí vem / papai foi na roça / e mamãe foi também (ou logo vem)".

A outra bruxa é uma boneca de pano, de trapo, objeto da recreação infantil. Toda boneca de pano que não saísse bem-feita era a *bruxa*. E foi fazendo bruxas de trapo que muitas meninas passaram a fazer artísticas bonecas de pano.

Quanta bruxa de pano não foi agasalhada pela ternura das meninas brasileiras nesse jogo de preparação para a maternidade, para o lar, que é o brinquedo de bonecas, de brincar com bonecas de trapo, com as bruxas.

Pedrinhas

As pedrinhas em geral são cinco e constituem os elementos únicos de interessante jogo infantil conhecido por jogo-das-pedrinhas, praticado desde a Antiguidade Clássica. Jogo de habilidade e destreza que desenvolve na criança a coordenação motora. Muitas e muitas vezes, vimos crianças tristes e sozinhas passarem horas e horas entretidas jogando pedrinhas: atirando uma para cima, depois duas e assim sucessivamente, reunindo-as depois, fazendo as mais variadas combinações.

Pião

O pião é um pequeno objeto feito de madeira, de preferência a brejaúva, tendo na ponta um prego – "ferrão" –, implemento, da lúdica infantil, do jogo de pião, atividade recreativa introduzida no Brasil pelo povoador branco.

Popular e conhecido em todo o Brasil geralmente por pião ou jogo do pião. Regionalmente é conhecido por pinhão (Nordeste). Tal qual noutros jogos infantis, é uma atividade lúdica estacional que chama a atenção das crianças durante um período do ano e é praticada por muitos ou quase todos os meninos de uma determinada idade.

É uma atividade recreativa típica dos meninos. E a prática é incentivada pelos pais, que geralmente são os artífices dos piões. Numa hora de lazer prepara o implemento de jogo para o filho, nada mais fazendo do que repetir aquilo que com ele mesmo aconteceu: foi seu pai quem lhe fez o primeiro pião que rodou na vida. Esse fato, porém, não exclui o de alguns meninos também fazerem o seu próprio implemento lúdico.

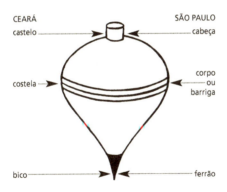

Cata-vento

Corta-se em forma de quadrado uma folha de cartolina ou de papel encorpado. Em cada canto, bem pela bissetriz dos ângulos, faz-se um talho em direção ao centro que atinja quase a metade do papel. As pontas são dobradas e presas, alternadamente, por um alfinete de cabeça, no centro do papel.

O alfinete é colocado na ponta de um pauzinho do tamanho de um lápis. Não se deve esquecer de colocar entre o fundo do cata-vento (ou papa-vento) e a ponta do bastãozinho, enfiado no alfinete, um pequeno tubo. Geralmente as crianças colocam um pedacinho de macarrão cru ou um talo de taquari bem fino. Esse tubinho facilita ao cata-vento girar.

Divertimentos

Circo de bolantins

Uma das mais antigas formas de distração de que o povo sempre gostou foi a do "circo de bolantins", "circo de cavalinhos", nomes populares dados a essa esplêndida distração que é a instituição circense, percorrendo as cidades, enfeitando as noites com acrobacias, luzes, ribaltas improvisadas, canto, teatro, animais domesticados, enfim, tudo aquilo que oferece um espetáculo não raro inesquecível.

Dizem que o circo morreu. Não é verdade. Basta revê-lo agora nos vídeos das televisões para se aquilatar da sua vitalidade. Ele teve que assumir outras formas, abandonar os picadeiros, os barracões de lona, para retomar a sua alta finalidade educativa e provocadora de *suspense* e hilaridade noutro local – nos estúdios de televisão.

Ainda pelo interior do Brasil algumas companhias circenses nesse afã heróico percorrem cidade por cidade.

Saiu pela rua, à tarde, um palhaço, acompanhado pela criançada, um magote de quinze meninos. O palhaço ia anunciando o espetáculo, cantando e a "rabacuada" respondendo:

– Eu vi a negra na janela; respondem os meninos em coro:
– Tinha cara de panela.
Solo – Eu vi a negra no portão.
Coro – Tinha cara de tição.
Solo – Hoje tem espetáculo?
Coro – Tem, sim, senhor.
Solo – Hoje tem marmelada?
Coro – Tem, sim, senhô.
....
Solo – Hoje tem forrobodó?

Coro – Tem, sim, senhor.
Solo – Na casa da sua avó?
Coro – Na sua!... Na sua!...
Os moleques que saíram a cantar pela rua atrás do palhaço receberam no braço uma marca de tinta-óleo. Tal marca seria mostrada à noite ao porteiro do circo, assim o portador teria ingresso gratuito ao espetáculo. É a recompensa do trabalho de sair gritando pela rua, acompanhando o palhaço.
– O palhaço, que é?
– É ladrão de mulé!
– O palhaço é bão?
– Pra comê feijão.
– O raio de sol suspende a lua...
– Brabo palhaço que tá na rua...
A farândola álacre passa e mal se ouve o resto da propaganda do espetáculo que à noite reunirá os "amarra-cachorro" mal-ajambrados nos dólmãs ou "casaca-de-ferro", a correr de um canto para outro ou imóveis quando a companhia entra triunfal para a apresentação inicial no picadeiro: barristas, mágicos, bailarinas, cantores, equilibristas, palhaços, trapezistas. E lá no "poleiro", na arquibancada, daremos a melhor das gargalhadas com as piadas dos palhaços e bateremos palma hoje à noite *porque o circo não morreu!!!*
– Hoje tem espetáculo?
– Tem, sim, senhor.

Banda de música

Pelo Brasil afora, as "furiosas", nome popular das bandas de música, encheram e ainda enchem de encantamento, alegria e entusiasmo os momentos de *dolce far niente* da vida das comunidades interioranas e de algumas capitais também, por ocasião das festas em datas cívicas nacionais, festas religiosas calendárias ou do santo padroeiro local, nas procissões, nas vitórias eleitorais e hoje nas do time de futebol que venceu o quadro da cidade vizinha com a qual há sempre rivalidade insopitável, bem como também se apresenta aos sábados ou domingos à noite. A banda de música, quer exista ou não coreto na pracinha, está presente, está junto ao coração de milhares de brasileiros, ritmando o seu pulsar com o seu rá-tá-tchim-tchim festivo.

A banda de música do coreto da pracinha é um retalho da alegria bem brasileira vivida pela gente das comunidades rurais, portanto por mais de 90% da população do Brasil.

A farmácia, areópago provinciano do Brasil

Antes dessa inquietude que se apoderou dos homens na atualidade, antes da invasão do cinema e doutras formas novas de divertimento, nas cidades tradicionais brasileiras o lugar de conversa onde eles se reuniam para se distrair, para trocar idéias, para exercitar a comunicabilidade, era a *farmácia*.

A farmácia desses bons tempos podia ser classificada como o areópago da comunidade rurbana (comunidade que é ao mesmo tempo rural e urbana, segundo Gilberto Freyre) onde se reuniam os "homens bons da terra" para a tertúlia vespertina.

O hábito de se distrair, de participar da conversa vespertina das farmácias, está em franca decadência, bem merecendo um estudo esse capítulo do folclore das relações humanas. Com rara felicidade o aquarelista Diógenes Duarte Paes fixou uma conversa de farmácia. As figuras do premiado pintor paulista estereotipam o chefe político, o promotor público todo janota, o farmacêutico com sua tez lívida de quem não toma sol e o "sapo", um zé-ninguém que procura freqüentar a Farmácia do Seu Firmino visando melhorar seu *status* social, estando e sendo sempre visto na roda de conversa dos "importantões" da terra. É este o único documento iconográfico do qual temos conhecimento sobre o areópago provinciano do Brasil.

Na "Pharmacia da Boa Prosa".

CAPÍTULO V | Música

Não se deve perder de vista a importância que a música e o canto tiveram na obra catequética no Brasil, cujo povoamento se deu na época do barroco, época das grandes festas da Igreja, razão pela qual as festas de grande pompa foram aqui usadas para se impor aos povos do Novo Mundo a religião católica romana.

Na Europa a Igreja já havia obtido grandes vitórias sobre a arqueocivilização, sobre o folclore pagão, substituindo-o, transformando suas datas de festas relacionadas com os solstícios pelas do hagiológio católico romano, batizando-as com novos nomes cristãos. A festa do fogo dos germanos tornou-se a do nascimento de Cristo, a dendrolatria se tornou em árvore de Natal. Pelo fato de não ser possível uma completa substituição é que ainda na França, Espanha e Portugal os folclores pagão e cristão são autônomos, principalmente na França.

No Brasil havia na época da catequese três civilizações arcaicas contra as quais o catolicismo romano teria que lutar: portuguesa, ameríndia e africana. Os soldados de Loiola lutaram e, entre outras armas usadas, as principais foram a música e o canto.

A Igreja Católica Romana destruiu o folclore ameríndio e o substituiu pelo folclore católico, artificial. Os jesuítas fixaram os indígenas em vilas, *reduções*. Conseguiram sustar o nomadismo dos índios, desapareceu conseqüentemente esse modo de vida que fazia parte de seus costumes. A disciplinação foi férrea; aqueles que não se acostumavam e tinham nostalgia do nomadismo, fugiam.

Nas reduções, nas vilas se concentravam os elementos de várias tribos. Essa heterogeneidade de membros de tribos diferentes coabitando contribuiu para a destruição de suas tradições. Para que a tradição se conserve é necessário, entre outros fatores, que haja o precípuo – a homogeneidade. Entretanto, o que de maior relevância existe na catequese é o interesse que o jesuíta mostrou pelas gerações novas. Foi pela plasticidade desses caracteres em formação que o catequista se interessou para moldá-los a seu gosto. Nas crianças das tribos indígenas podiam inculcar o catolicismo romano. Foi o curumi o coroamento da catequese em terras brasílicas porque o indiozinho foi a solução de continuidade – elo partido da civilização arcaica ameríndia.

Os colégios foram feitos para albergar os piás. As crianças foram afastadas da influência dos pajés, dos mais velhos, desgarradas, portanto, da civilização tradicional ameríndia.

E como atraí-las? Como convertê-las?

Os jesuítas lançaram mão da *música* e do *canto*.

Os próprios jesuítas mantiveram muitas vezes certas particularidades da arqueocivilização que julgaram convenientes. Conservaram muitas danças indígenas com melodias católicas romanas, as quais os brasilíndios dançavam nos ofícios religiosos. Já era um folclore transformado, cristianizado.

Talvez seja por isso que, ainda hoje, muitos cantos do rurícola brasileiro fazem lembrar um cantochão acaipirado.

Foram, portanto, música e canto fatores importantes na catequese.

MÚSICA FOLCLÓRICA

Mário de Andrade, que era por excelência um pedagogo, para que nós, seus discípulos de folclore, não cometêssemos enganos, aconselhava chamar a música popular de *popularesca*, para que não houvesse confusão com a folclórica.

A popularesca vive, como dizia o saudoso mestre, "em função da moda; logo que esta passa, só arquivo as guarda".

A música folclórica é conservada no escrínio da alma do povo. Foi aceita por este porque se afinou espontaneamente com o seu sentir, pensar, agir e reagir. Nasceu do povo e é para o povo, e este a utiliza porque ela tem uma destinação certa.

A popularesca tem autor, intérpretes, e para sua transmissão comercial usa os mais modernos meios: rádio, televisão, discos, gravadores etc.

A música folclórica pode ou não ter autor conhecido. Este, caso exista, acaba desaparecendo na aceitação que a coletividade dá a sua criação. Isso porque tal música foi justamente dirigida à coletividade com uma finalidade, com uma função. Já não interessa a autoria porque a oralidade se encarregou de difundi-la, criou-se uma aceitação coletiva. A própria persistência que se louva na repetição é facilitada graças à sua extensão, que em geral se comporta em 8, 12 ou 16 compassos.

A música folclórica co-participa do sentir de cada indivíduo e do consenso coletivo. Ela está presente e pode ser facilmente observada nos jogos infantis, nos cantos ritualísticos das religiões, nos ritos de morte, nas danças, nos bailados, nos folguedos. Música folclórica da alegria e da dor, manifesta-se quer no canto solista, no falso-bordão, nos cantos responsoriais, nos acompanhamentos instrumentais dos bailados, danças, dos cantos de seresteiros.

Oneyda Alvarenga, a maior autoridade brasileira em música folclórica, assim se expressou sobre música folclórica e música popular, cuja valiosa definição, *data venia*, transcrevemos:

> *Música folclórica* é a música que, sendo usada anônima e coletivamente pelas classes incultas das nações civilizadas, provém de criação também anônima e coletiva delas mesmas ou da adoção e comodação de obras populares ou cultas que perderam o uso vital nos meios onde se originaram.
>
> Essa música deriva de processos técnicos formadores muito simples, não subordinados a qualquer teorização. Transmite-se por meios práticos e orais. Nasce e vive intrinsecamente ligada a atividades e interesses sociais. Condiciona-se às tendências mais gerais e profundas da sensibilidade, inteligência e índole coletivas, o que lhe confere um elevado grau de representatividade nacional. E ao mesmo tempo que possui a capacidade de variar, transformar e substituir as obras criadas ou aceitas, revela uma tendência acentuada para ajustar essas mudanças a uma continuidade de processos formadores específicos, que, além de lhe darem uma relativa estabilidade, lhe conferem estrutura e caráter próprios.
>
> *Música popular* é a música que, sendo composta por autor conhecido, se difunde e é usada, com maior ou menor amplitude, por todas as camadas de uma coletividade.
>
> Essa música usa os recursos mais simples ou mesmo rudimentares da teoria e técnica musicais cultas. Transmite-se por meios teóricos convencionais ou por processos técnico-científicos de divulgação intensiva: grafia e imprensa musicais, fonografia, radiodifusão. Tem o seu nascimento, difusão e uso geralmente condicionados às modas, tanto nacionais quanto internacionais. E ao mesmo tempo que revela por isso um grau de permeabilidade e mobilidade que a tornam campo permanentemente aberto às mais várias influências, possui um certo lastro de conformidade com as tendências musicais mais espontâneas, profundas e características da coletividade, que lhe confere a capacidade virtual de folclorizar-se.

No capítulo V procuramos dar uma pequena amostra da música folclórica registrada em nossas pesquisas de campo. Contamos com o aparelhamento de gravação sonora.

O gravador de pilha ou de corrente elétrica resolveu em parte as dificuldades para coleta da música folclórica brasileira. Nesse campo de pesquisas, razão tem Luís Carlos Barbosa Lessa, que a registrou em várias regiões brasileiras, ao afirmar: "O grande e verdadeiro informante no *Arquivo de danças brasileiras* é o povo: a coletividade viva, atuante, sem nome, sem idade e sem local de nascimento." O gravador aberto em praça pública, não nos palanques oficiais onde há sofisticação, mas junto ao povo, eliminou as deficiências da coleta musical por processos não mecânicos, dando por meio da fita imantada a gravação fiel, precisa, justa e perfeita.

Graças ao gravador recolhemos considerável acervo de música folclórica. Para a musicografia contamos com a valiosa colaboração dos maestros Martin Braunwieser e Vicente Aricó Júnior.

Nos cantos monódicos temos pregão, acalanto, ou melhor, dorme-nenê, modinhas. No falso-bordão ou canto em terças, as modas de viola dos milhares de modinheiros anônimos, os cantos de folias de Reis ou do Divino, cururu e descante dos "puetas do certam do Nordeste". No canto responsorial, no qual solista e coro dialogam barrocamente, como na congada, no moçambique, na marujada, nos bumba-meu-boi, no maracatu; geralmente nos bailados é que o canto responsorial tem maiores oportunidades.

Rondas infantis

Quando planejávamos este trabalho sobre o folclore nacional fizemos várias tentativas para dividir em capítulos o acervo recolhido em nossas pesquisas diretas nas quais muitas vezes fomos observadores-participantes. Por vezes, tínhamos 15 ou mais capítulos. Procuramos então títulos mais gerais até que chegamos a dez. Mostramos que não era nem poderia ser uma divisão estanque, é de ordem didática, um mero instrumento de trabalho.

As rondas infantis tanto poderiam figurar no capítulo *Recreação* como neste. Elas são jogos cantados. Há jogos que além de cantados são dançados, então poderiam ser incluídos noutro capítulo, das danças. Entretanto, deixamos as rondas infantis de Cananéia para este capítulo porque o motivo fundamental desses jogos cantados é a música, a melodia suave que fica cantando em nossos ouvidos, porque a maioria delas é vivência para nós; quando não, sobrevivem em nossa saudade, saudade dos tempos de criança...

As crianças dão-se as mãos, formando uma roda. Iniciam o canto e ao mesmo tempo começam a girar, geralmente no sentido solar, isto é, dos ponteiros do relógio. Todas cantam a ronda:

A CANOA VIROU

A canoa virou
por deixá ela virá,
foi por causa da Cecília
que não soube arremá.

Adeus, Maranhão,
adeus, felicidade,
adeus, dona Cecília
do meu coração!

A menina cujo nome fora pronunciado muda de posição na roda, ficando de costas para o centro. O canto vai sendo repetido até que todas mudem de

Na vetusta Cananéia, uma ronda infantil.

posição. Quando todas estiverem com as costas voltadas para o interior da roda, cantam:

> Se eu fosse um peixinho
> e soubesse nadá
> eu tirava a Diva
> do fundo do mar.

A criança cujo nome foi enunciado tem, então, o direito de retornar à primitiva posição. Essa quadrinha é repetida até que todas as crianças voltem à posição, isto é, com a frente para o interior da roda.

ACALANTO

Ao anoitecer, após a refeição, quer na casa do rico, onde a mãe se embala na macia rede, com o filho no regaço, ou na casa do pobre, onde sentada sobre a esteira, aconchegando a criança, sussurra um dorme-nenê – é a cantiga de ninar dolente, monótona, que faz cerrar as pálpebras.

Este "dorme-nenê" foi recolhido em Piaçabuçu, em Alagoas.

Roda-pagode

Atividade lúdica dos adultos do Baixo São Francisco por ocasião das festas de plenitude ou principalmente na pequena vacância agrícola de inverno, por ocasião das festanças do ciclo junino. Em torno das fogueiras, grupos alegres de adultos de ambos os sexos, de mãos dadas, cantam, saltam-nas, deixam uma fogueira, passam para outra, misturam-se os grupos. Estes vão se avolumando até se reunirem todos ao redor de uma grande fogueira na praça pública – o quadro. Ali todos cantam e a roda-pagode alagoana, vivência na região açucareira que põe no corpo da gente uma vontade insopitável de dançar, de bailar, pois seu ritmo é convidativo. Ela congraça os membros adultos da comunidade, caem as barreiras sociais, pobres e ricos, moradores das casas de tijolos e das choupanas de palha, de mãos dadas, alegres cantam esquecendo-se das tricas políticas, das desditas, das mágoas, das rixas e intrigas familiares, do bate-boca de comadres, dos desníveis sociais: ali todos pertencem à grande família alagoana – una, alegre e feliz. As cantigas são tradicionais e traduzem em versos fatos e coisas do hábitat do ripícola são-franciscano, mas a roda-pagode dá-lhes uma vida nova – a comunicabilidade, alegria congraçadora que eclode pela passagem do ano cósmico na grande festa do solstício de inverno coincidindo principalmente com a festa joanina, à noite de 23 para 24 de junho de todos os anos, noite em que São João Batista está dormindo... segundo a crença popular.

CANTIGAS DE TRABALHO

Embora a máquina tenha modificado em parte o uso do canto no trabalho ora substituído pela música do disco, rádio, ainda há regiões onde o homem, só ou em grupo, pratica as cantigas de trabalho, que o animam, ligando-o ao seu labor. O próprio ritmo da toada facilita muitas vezes o ritmo da operação manual. A música é dinamogênica, um estimulante do trabalho que faz render mais.

A música mecânica da atualidade substituiu em parte aquela nascida espontânea da alma do trabalhador individual ou do grupo de trabalhadores. Principalmente do grupo, porque o ruído da maquinaria a trabalhar abafa o canto dos operários. O trabalhador individual é mais comum, ainda persiste mesmo nas cidades industrializadas. Graças aos pregões, monótonos muitos, continua o mesmo ritmo e a mesma frase ou só uma ou duas palavras repetidas, emitidas em voz cantada, apregoando a boa qualidade da mercadoria a ser vendida a bom preço.

Há pregões que não vão além de um ou dois vocábulos, dois versos e a melodia não conclusiva, faz-se esperar que termine... Parece ser esse o motivo que se fixa mais nos que o ouvem.

Muitas vezes o autor do pregão aproveita inconscientemente pedaços de melodia conhecida e quem o ouve fica a esperar o resto da melodia, mas nisso é que está o valor "comercial" do pregão...

> Olha o quentão, tá quentinho patrão... tá quentinho...
> Banana patroa... pintadinha...
> Oi pam... oi pam... (olhe o pão)

As cantigas de trabalho em conjunto ainda são encontradas nos mais distantes rincões do país com uma vitalidade sem-par: é o aboio, o canto dos varejeiros dos barcos do São Francisco, dos tropeiros, dos comboieiros, dos trabalhadores das fainas agrícolas etc.

No Baixo São Francisco, nas plantações de arroz, recolhemos alguns cantos de trabalho: quer na plantação, quer no corte, há cantigas que são mais ou menos parecidas, cuja função é estimular. Nessas riziculturas há predominância das vozes femininas.

ABOIO DE ROÇA

O mutirão, ou melhor, a ajuda vicinal no Nordeste é também chamada "batalhão". É uma das atividades em que reinam a camaradagem e alegria. Durante o trabalho há cantos: são os *aboios de roça*. Já no final, há os cantos de roda-pagode, nos quais tomam parte adultos de ambos os sexos. É realmente uma atividade congraçadora de todos os elementos participantes do "batalhão".

O dono do serviço é o que "bota batalhão" e se torna responsável pelo café do meio-dia. Os trabalhadores vão cedo para o trabalho e logo lhe dão início. Quem comanda a ajuda vicinal é o que "bota o batalhão".

O trabalho se desenvolve normalmente, acrescido, porém, dos "aboios de roça". Quem "bota o batalhão" puxa os cantos. O "tirador" é o que canta primeiro, uma outra pessoa responde, é o respondente. Este, em geral, canta atenorado. Canta o tirador, responde o respondente, a seguir canta o tirador, responde o respondente e no final de dois versos cantados em dueto, os dois cantam "oi, oi, ai, olá, oi". Um em voz natural, outro falseteando uma oitava acima. Há, parece-nos, remoto cantochão nesse aboio, dissolvido, quase imperceptível na tessitura do canto de trabalho.

Os *aboios de roça* são diferentes dos *aboios de gado*. O aboio de roça é em dueto e o de gado é homófono. O aboio de roça é uma forma de canto de trabalho, tem letra e é em dueto. O outro aboio é solo, é canto de uma só sílaba. Noutras regiões o aboio para orientar o gado na caatinga, na estrada, não tem letras; aqui, há, porém, o canto de uma quadra e a seguir o canto de uma sílaba, longo, triste. Já o aboio de roça é menos triste e dá-nos a impressão de um desafio por meio de versos entremeados de prolongados "oi, ai, olá", cuja finalidade é excitar para maior produção de trabalho.

Moda

A poética da nossa gente descantada pelos modinheiros, pelos violeiros, pelos "puetas do certam", constitui verdadeiro romanceiro, graças a essa forma popular que é a *moda*, *moda paulista* cuja presença se faz notar na região cafeicultora, do campeiro e do boiadeiro.

Graças a esses órgãos da opinião pública – os cantadores –, está sendo constituído o romanceiro brasílico com as modas de viola, muitas das quais assumem as características de romance.

Outras modas são como esta, exploram problemas banais:

> Moça pra se casá
> preste bem sentido,
> homem baixo e muié arta
> é má comprometido;

ele compra fazenda
que não dá vestido,
ela pega no reio,
traz ele suprimido.
Ora preste atenção
se não é o que eu digo.

No Nordeste brasileiro, o cantador de viola – "pueta do certam" – emprega outras formas para o seu canto que diferem das modas paulistas. Cantam fazendo sextilhas, moirão, martelo, quadrão, galope e, para mostrar a capacidade improvisatória, rimam com os motes, geralmente dois versos sem rima, em redondilha maior (sete sílabas).

Sextilha – seis versos de sete sílabas; no 1º, 3º e 5º versos a rima é solta. O 2º verso rima com o 4º e o 6º.

Gemedeira – a mesma mecânica da sextilha. Entre o 5º e o 6º versos o cantador coloca o refrão: "ai, ai, ui, ui".

Moirão de sete versos – também derivado da sextilha, em redondilha maior. Cantam dois cantadores em conjunto: o primeiro canta dois versos, o segundo mais dois e o primeiro termina com três. A rima do 1º verso é solta. A rima do 2º com o 4º e o 7º. O 5º e o 6º rimam juntos. O último verso do primeiro cantador com o último verso do segundo cantador. O primeiro cantador volta a cantar dois versos rimando entre si e mais o último, como fecho rimando com a *deixa*, ou seja, o verso do segundo cantador.

Moirão doze versos – *Moirão do Ceará* – *Moirão do "você cai"* – também em redondilha e, ainda, cantado em dupla. O primeiro repentista canta dois versos e acrescenta: "lá vai um, dois, três". O outro improvisa mais dois e adverte: "Lá vai quatro, cinco e seis". O que iniciou junta mais dois usando, no 8º verso, a rima em "ai"; a resposta vem logo: "Você cai." E vêm os três versos finais: uma parelha e o fecho: "Se for por dez pés lá vai."

Martelo – canto individual. É a modalidade preferida para uma boa disputa. Só os grandes cantadores são capazes de improvisar nessa modalidade. Sua forma típica é a *décima* em decassílabos. O 1º verso rima com o 4º e o 5º. O 2º verso rima com o 3º. O 6º rima com o 7º e com o 10º. O 8º verso rima com o 9º.

Quadrão de oito pés – é cantado em versos de sete sílabas, oito versos. Os três primeiros versos rimam entre si. Vem em seguida uma parelha terminada em *ão*; mais dois versos rimados e o final: "oito linhas em quadrão", "oito pés a quadrão" ou outra variante mais ou menos com essas palavras.

Quadrão de dez pés – dez versos de sete sílabas, mas já composto intercaladamente. Cada cantador canta um verso, sendo o final repetido pelos dois. Sua forma, mudando o metro, é igual à do *martelo*.

Galope à beira-mar – dez versos de onze sílabas. A melodia é verdadeiramente encantadora. A rima é igual à do martelo: o 1º. com o 4º. e o 5º. O 2º. com o 3º. O 6º. com o 7º. e o 10º. O 8º. verso com o 9º.

Os temas dessa modalidade são em geral paisagens e figuras ligadas ao mar.

Serenata

Em maio de 1961 visitamos Canudos de Antônio Conselheiro. A noite clara de luar foi um convite para que descêssemos silenciosos ao Cruzeiro e dali até ao leito do Vaza-Barris. Queríamos naquela peregrinação sentir um pouco das cenas que ali se passaram descritas pela magistralidade de Euclides da Cunha. Vê-las com os olhos da alma. Despedir-se da cidade que ficará sob as águas do açude Cocorobó.

De volta, já ia alta a madrugada quando ouvimos os bordões de um violão plangidos por um seresteiro. Era uma serenata. Dentre as várias músicas cantadas (e gravadas em fita magnética), destacamos esta modinha – "Devolve as cartinhas".

O seresteiro de cabeleira que nos fazia lembrar Castro Alves cantou:

> Devolve as cartinhas que le mandei.
> Quero rasgar todas enfim.
> Devolve as cartinhas que le mandei,
> devolve, quero qu'esqueças de mim.

Coreto

Reunião congratulatória em que os presentes formam pequeno coro para cantar louvações à bebida servida no ágape ou reunião festiva. Os coretos são as *saúdes* cantadas que revivem os louvores a Baco.

Esses coretos foram recolhidos em agosto de 1960 em Socorro, São Paulo, e são tradicionais na família dos Lobo – que "se ufanam de empunhar aristocraticamente um copo e ter a ascendência dos Albertim Lanóia", segundo o informante José Lobo.

Hoje mais cedo
o Sol saiu,
suciá mais bela
que nunca se viu.

Outro coreto:

Eu não quero, eu não quero, eu não quero,
cerimônias e nem satisfações,
eu só quero enxugar de repente
mil garrafas e mil garrafões,
fões, fões, fões, fões...

CANTIGAS DE RIXA

Cidades vizinhas sempre tiveram certa rivalidade, atualmente intensificada pelo futebol, no qual as rixas são resolvidas não só com a bola, mas com soco e pancadaria.
Antigamente eram os cantos, motes, quadrinhas inventados para menoscabar o seu vizinho. Não faltam cantos com pornografia de cambulhada; há, porém, outros inocentes aproveitando motivo religioso. O padre João Batista Siqueira, filho de Taubaté, repetiu esta cantiguinha de rixa que muitas vezes provocou as iras das gentes da terra de Jaques Félix:

De ca - bo - clo de Tau - ba - té li - be - ra nóis, Do - mi - né.

De caboclo de Taubaté libera nóis, Dominé.

BENDITO

A reza cantada, que se inicia com a louvação "bendito", é conhecida entre os rurícolas, e mesmo nos agrupamentos urbanóides, por Bendito. É muito comum a existência dessa forma laudatória no meio rural brasileiro, praticada em devoções caseiras e mesmo nas procissões provincianas.

Para facilitação do canto é comum ouvir-se "benditô lovado seje"; deslocam o acento.

Nas rezas de roça há sempre um capelão (no estado de São Paulo a esse leigo chamamos *capelão-caipira*) que as dirige; "puxam a reza", daí também chamarem-nos de puxadores de reza, o que não se confunde com rezador, pois este é curador, benzilhão.

O bendito é cantado com toda reverência, todos os presentes em pé, somente o capelão-caipira e seu acólito ajoelhados:

> Este bendito é louvado,
> foi feito com fundamento.
> Recordai as nossa culpa,
> suspendei meus pensamentos.

CANTIGAS DE CEGO

Velho costume que ainda se conserva vivo nas feiras nordestinas é o dos cegos pedintes. Na Idade Média, quando os não-videntes, desprezados párias da sociedade, para mover a comiseração humana, iam para as feiras, agrupavam-se e procuravam imitar uma orquestra, um deles se fazia de regente e a atitude grotesca assumida por tão desventuradas criaturas humanas provocava risos, e então atiravam algumas moedas para a "orquestra muda". Hoje, nas feiras nordestinas aparecem cegos. Alguns cantam, outros tocam instrumentos. Quando eles não têm a habilidade de tocar algum instrumento musical, "duetam" (ou "solam") um canto jeremiado, e com as mãos estendidas suplicemente, esperam que caia nelas uma esmola.

Nas muitas feiras nordestinas o cego ao cantar pedindo esmola o faz de uma maneira plangente, com canto anasalado, quase a mesma melodia, e o "peditório" pouco varia. Quando a recebe, canta agradecendo. Desse costume surgiu o dito popular, quando a pessoa está sem dinheiro: "não tenho nem um vintém para fazer um cego cantar".

Quem não se condoerá ao ouvir a melodia que fica cantando na alma do que passa, meditando as palavras do pedinte:

> Meu irmão que vai passando,
> com saúde e alegria,
> ajudai um pobre cego
> que não vê a luz do dia.

Cantos de velório

Em *Ritos de morte* estudaremos o velório. Essa instituição universal, que é a da guarda de defunto, tem nomes diferentes nas várias regiões do Brasil. Na região da jangada e do vaqueiro é conhecida por "sentinela". Cantar as sentinelas. Na sala onde está o defunto, os presentes à cerimônia cantam rezas, dentre elas uma popularmente denominada "incelências" ou excelências. Para que a reza surta efeito e tenha valor cantam até doze, certamente porque doze eram os apóstolos de Jesus.

A "sentinela" só se processa à noite. Se, quando estão cantando as rezas de guarda, alguma pessoa passa pela porta (rua, estrada), um daqueles que se encontra no velório grita: "Chegai, irmão das alma!" Outras vezes cantam uma reza especial (como a que registramos a seguir) para ver aumentado o número de guardadores do defunto.

> Chegai, pecadô que há de morrê,
> chama por Jesuis para te valê.
> Chame por Jesuis enquanto é tempo,
> quando a morte vem, mata de repente.

É costume, durante os trabalhos fúnebres, isto é, os de lavar e vestir o defunto, cantar rezas especiais para tais fins.

A "sentinela" é a missa laica de encomendação de defuntos que os pobres fazem na impossibilidade de pagar aquela da liturgia católica romana.

Incelências

Despedida

Cantam como se fosse o defunto que estivesse despedindo-se:

CÂNTICO PARA AS ALMAS

Em Redenção da Serra (São Paulo) há um costume tradicional realizado por ocasião da Quaresma. Todas as sextas-feiras, um bando de homens, à meia-noite, aproxima-se das casas na roça, e canta sem acompanhamento de instrumentos a seguinte reza: "Rezo um Padre-Nosso, uma Ave-Maria, pras alma do cemitério."

Ao aproximar-se da casa, um dos membros do grupo, que é o tocador de matraca, agita-se a fim de com o ruído acordar as pessoas que porventura estejam dormindo. A matraca é uma tábua com empunhadura, tendo no centro um pedaço de ferro, à guisa de alça, que, com o movimento brusco, bate produzindo ruído.

Se na casa, porventura, seus moradores estão com as luzes acesas, apagam-nas, e todos da família, dirigidos pelo seu chefe, rezam um Padre-Nosso e uma Ave-Maria, fazendo-o em oferecimento às almas do cemitério. Cá fora, os componentes mantêm-se em silêncio. Durante uma noite esse bando de rezadores percorre um bom número de casas, cujos ocupantes não abrem as portas, quando chega o rancho de rezadores, porque senão "enxergarão as almas dos mortos, e receiam vê-las". Com os *cantigos para as almas* realizam a "recomenda" ou "encomenda".

Terno de zabumba

O terno de zabumba é conjunto musical típico do Nordeste, conhecido também pelos nomes de terno de música ou como particularmente em Alagoas é chamado: "esquenta mulher"; na Paraíba, cabaçal; no Ceará, banda de couro.

O terno de música compõe-se de dois tocadores de pífano, um tocador de caixa e um de zabumba. O pífano, pífaro, "pile" ou "taboca" é um instrumento aerofônico, o mais rudimentar dos instrumentos de sopro: um canudo de taquara com sete furos, seis para os dedos e um para os lábios. É uma flauta primitiva. Zabumba e caixa são instrumentos membranofônicos de percussão indireta por meio de baquetas (cambitos); aquela grande e esta pequena, construídas pelos próprios tocadores. O terno de música alegra sempre as festas, festanças e festarias nordestinas.

Salva. É a música "de reza" tocada pelo terno de zabumba. Tocam para acompanhar rezas e novenas. Dizem que reza sem acompanhamento de música de zabumba é "reza de sentinela", de velório. Acompanham as procissões tocando as *salvas*. A esse conjunto se deve a grande animação das rezas de novena do meio rural nordestino.

A salva pode ser profana ou religiosa. É profana quando, numa festa familiar ou de bairro, um dos músicos diz uma quadra ou sextilha e a seguir tocam uma peça musical correspondente a esses versos proferidos. A salva *religiosa* consiste na recitação de uma oração e a seguir executam a música dessa reza. As rezas declamadas pelos membros do terno de zabumba são as mesmas que se cantam nos ofícios religiosos católicos romanos.

Outra função religiosa do terno de zabumba, além das *salvas*, é sair para pedir esmolas. O terno conduz respeitosamente um "Santo Antônio Caminhante". Caminhante pelo fato de ser um santo pequeno (de 5 cm de altura) conduzido numa caixinha para peditório. Santo Antônio ou outro santo; entretanto, esse é o mais popular, mais querido.

Os músicos são sempre muito considerados; dizem que o "tocador de pífano entra no inferno (outra versão é no céu) e ninguém o vê, pois ele entra de banda, de lado".

Instrumentos musicais

Os instrumentos musicais poderiam ser incluídos no capítulo *Artes populares e técnicas tradicionais*, entretanto, preferimos inserir neste, de *Música*.

Ilustram este estudo os desenhos de Osny Tavares de Azevedo, professor, nosso colega na Universidade de São Paulo, que utilizou como modelo os instrumentos de nossa iconoteca e museu particular.

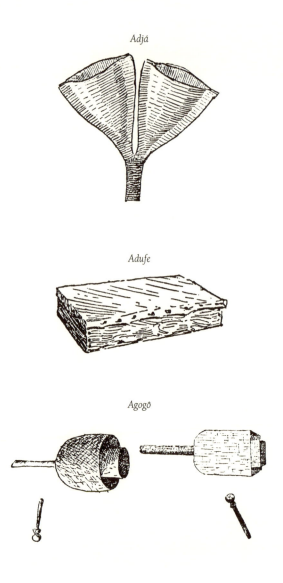

Adjá

Adufe

Agogô

Angóia

Arco-e-flecha

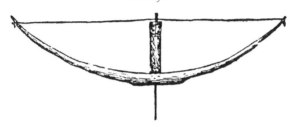

Bastão-de-moçambique

Biritador ou guzunga

Buzina

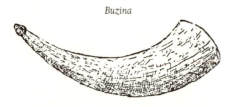

Caixa

Surdo

Tarol (caixinha)

Chocalho (canzá ou ganzá)

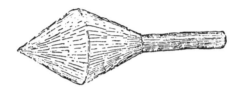

Candongueiro

Cocho

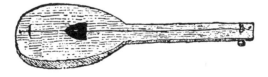

Maracá

Marimba

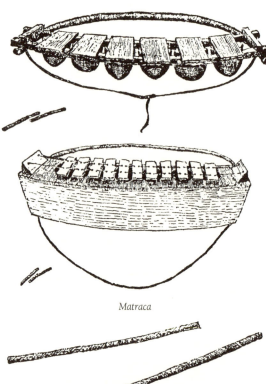

Matraca

Marimbau

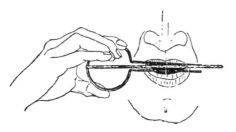

Paiá

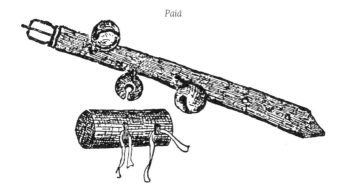

Pandeiro

Puíta

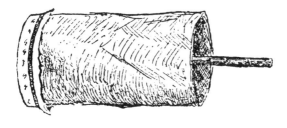

Pistão

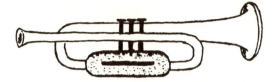

Quinjengue ou mulemba

Rabeca

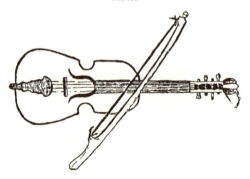

Reco-reco

Tamborim

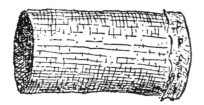

Tambu

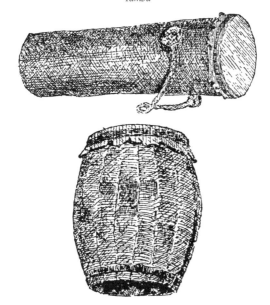

Triângulo

Urucungo

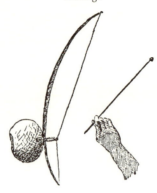

Violas

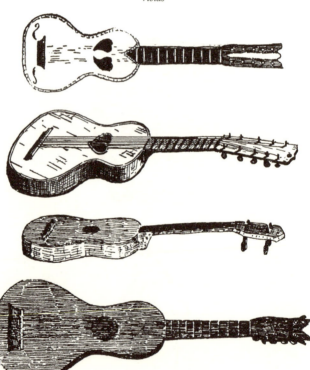

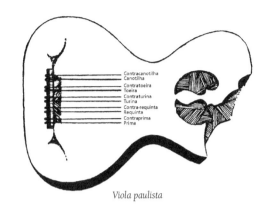

Viola paulista

Viola tipo angrense

Anatomia da viola

A viola compõe-se das seguintes partes: caixa de ressonância, braço e palheta.

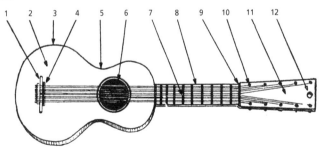

1) cavalete; 2) tampo; 3) filete; 4) rastilho; 5) cintura, curva ou volta; 6) boca; 7) trasto ou ponto; 8) braço; 9) pestana, trasto de osso; 10) orifício para a cravelha; 11) palheta; 12) furo para o barbante de pendurar.

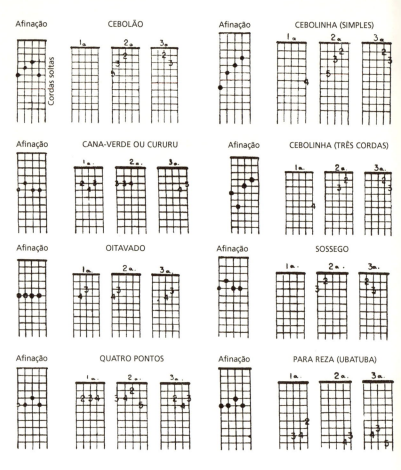

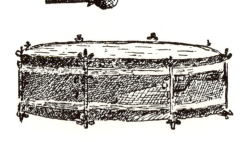

Zabumba

CAPÍTULO VI | Ritos

Mestre Herbert Baldus, no *Dicionário de etnologia e sociologia*, assim define *rito*: "Segundo Sumner, o rito ou a cerimônia é um processo suscetível de estabelecer e desenvolver costumes. O rito é constituído por ações estandardizadas baseadas sobre uma disciplina estrita e ligadas a fórmulas, gestos, símbolos e sinais de um determinado significado para a sociedade que o engendrou. O rito pode adquirir uma certa estabilidade quando executado ritmicamente e acompanhado de músicas, versos, danças ou cantos. Na religião o rito representa um processo específico de comunicar-se com forças sobrenaturais. Mas o rito pode desprender-se da religião e levar uma vida própria, como atesta o exemplo das castas na Índia. Há ritos específicos de ordenação, consagração, sacrifício, penitência etc."

Marcel Mauss, em *Theorie de la magie*, afirma: "Os ritos mágicos e toda a magia são, em primeiro lugar, fatos de tradição. Atos que não se repetem não são mágicos. Atos em cuja eficácia todo um grupo não crê, não são mágicos. A forma dos ritos é eminentemente transmissível e é sancionada pela opinião."

Neste capítulo, além dos ritos religiosos, inseriremos a forma de organização social – o mutirão e alguns usos e costumes, destacando-se os ritos de morte. Fatos folclóricos, fatos da tradição, alguns em vias de ocaso. E é bem verdade que o fato folclórico é menos coercitivo do que outros fatos sociais. Isso porque são fatos que morrem e, portanto, perdem a força de coerção.

Entendemos que os fatos folclóricos são de três espécies: *a)* sobrevivências das sociedades pré-históricas; *b)* fatos folclóricos que vêm do desnivelamento dos costumes etc. (Imitação das classes inferiores do que fazem as classes superiores. As classes superiores perdem seus costumes e a classe inferior os conserva modificados.); e *c*) criações folclóricas populares sem imitação. Estes são mais raros.

Aqui temos alguns ritos, fatos da tradição, transmitidos de geração a geração, sancionados pela opinião da maioria do povo brasileiro.

Ex-votos ou "premessas"

Pelas estradas do vale do Paraíba do Sul, onde abundam cruz, santa-cruz e capelas, são encontrados nestas muitos ex-votos.

É comum no meio rural os moradores, quando não conseguem algo racionalmente, buscarem no sobrenatural o reforço para a realização de seus intentos. Tal crença no poder da intervenção do sobrenatural os leva a aceitar milagres de determinadas entidades extraterrenas, os santos, por exemplo. Como forma retributiva a essa intervenção miraculosa ofertam elementos materiais – os *ex-votos* –, concretizando, dessa forma, o agradecimento da graça recebida.

Não seria justo dizermos que apenas o homem do meio rural age dessa maneira; é preciso referirmo-nos também àqueles que avolumam as classes incultas das cidades, aos citadinos menos esclarecidos que levam seus ex-votos às salas de milagres dos grandes templos urbanos.

Ex-voto é portanto um quadro, imagem, desenho, escultura, fotografia, peça de roupa, jóia, fita, mecha de cabelo etc. que se oferece e se expõe nas capelas, igrejas e salas de milagres em regozijo de uma graça alcançada. O nosso caipira paulista chama o ex-voto de promessa ou, como diz no seu linguajar peculiar, "premessa".

Entre os males que afligem o homem, a doença é o mais comum. A doença é ainda para muitos ocasionada pela introdução de um corpo estranho e, para sua expulsão, também há necessidade de uma fórmula mágica. A promessa é uma fórmula mágica. O restabelecimento da saúde é sempre procurado por todos os meios, e quando as dificuldades econômicas impedem que a ciência intervenha, e a falta de esclarecimentos dificulta a ação médica, o "remédio" é apelar para o sobrenatural. E é na doença que o santo vale mais. Uns mais do que os outros. Há santos que estão na moda; então, esses socorrem mais rapidamente do que os outros, já merecedores de uma aposentadoria pelos muitos milagres realizados. Assim é que não se pode hoje em dia comparar o volume de fiéis que buscam o santuário de Nossa Senhora da Aparecida com o dos que procuram o de Bom Jesus de Tremembé, outrora muito visitado. Nada melhor para aferirmos o grau de intervenção miraculosa desses celículas do que visitarmos as salas de milagres. Ali, pelo número incontável de ex-votos, poderemos avaliar a posição hierárquica dos santos milagrosos.

Há mesmo santos especializados na cura de determinadas moléstias: São Sebastião – feridas; São Roque – peste; São Bento – venenos de bichos peçonhentos; São Lourenço – dores de dentes e queimaduras; São Brás – engasgos ("São Brás, São Brás, acuda este rapaz"); Santa Luzia – doenças dos olhos ("Santa Luzia passou por aqui, com seu cavalinho comendo capim"). São concepções que vêm ainda da Idade Média, pois lá encontramos santos padroeiros das profissões, e tais especializações na cura de determinadas doenças nos fazem acreditar que sejam sobrevivências das corporações de ofícios.

O fiel promete, no caso de se curar, de proteger a roça e plantações, ofertar algo ao santo de sua devoção. Uma vez realizada a cura, o fiel se vê na obrigação de pagar o voto feito. Dessa transação com o sobrenatural, às vezes, resulta a confecção de peças artísticas como os ex-votos.

Não existem tão-somente ex-votos ofertados em regozijo da cura. Vários são os tipos encontrados. E é claro que o próprio meio geográfico condicione o maior número de um determinado tipo. Poderíamos, *grosso modo*, classificar os ex-votos em elementos materiais do ritual mágico *protetor* e *produtivo*. Seriam *protetores* todos aqueles que, segundo a própria denominação nos diz, visam uma proteção. A cura é uma proteção da saúde ameaçada.

As promessas não visam apenas a proteção do homem, mas também dos animais e até das plantas.

Quanto à forma, teríamos ex-votos: *simples, antropomorfos, zoomorfos* e *especiais* ou *representativos de valor*. Os *antropomorfos* são aqueles que procuram representar o corpo humano, todo ou parte, quer na escultura, desenho, pintura ou fotografia. *Zoomorfos*, representações de animais. Há um tipo de ex-voto que não poderíamos encaixar nestas nem tampouco na *especial* – é o que chamaremos de *simples*. Por exemplo, uma fita com a medida da circunferência do pescoço ou de outra parte do corpo humano não seria voto antropomórfico, e sim ex-voto *simples*, colocado no tope da Bandeira do Divino ou amarrado ao pé da imagem de um santo.

Alimentação das almas

A prática ritualística da "alimentação das almas" encontrada no vale do rio São Francisco, principalmente na região média, pode ser perfeitamente classificada como uma forma de ex-voto preventivo.

O desejo de conquistar o bem-estar futuro, a compra de um lugar no céu, tem impressionado aos homens desde a Antiguidade. Nas eras medievais, desde o século XI, cujas sombras e misérias se projetaram até ao século XVII, aqueles que, embora se rotulassem de cristãos, olvidando entretanto os ensinamentos de Cristo "misericórdia quero e não sacrifício", praticaram largamente na Europa sacrifícios e mortificações do corpo com o interesse de alcançar depois da morte um lugar na glória, no céu, como fazem os atuais "penitentes". Estes vão além, mostram um verdadeiro altruísmo porque, ao bater com a "disciplina", visam também melhorar a situação das "almas santas benditas" que ainda não se acomodaram em definitivo na mansão celestial... segundo acreditam.

As ilhas culturais em que tais comunidades se tornaram são ambiente propício que permite a vivência dessas práticas atuais dos penitentes. Sabe-se que ainda hoje algumas ordens monásticas católicas romanas continuam a ciliciar seus corpos. Talvez a permanência desse traço e o próprio revigoramento do ritual entre os penitentes sejam causados pelo fato do atendimento que estes crentes dão às missões pregadas pelos sacerdotes, que descrevem o fim do mundo e sua proximidade, as aflições que os pecadores terão no inferno, a necessidade do arrependimento e da penitência.

Em 1961, em Tarrachil, margem baiana do São Francisco, presenciamos uma dessas missões. Não há dúvida de que as palavras candentes do orador sacro, os seus apelos patéticos e mesmo a figura desse missionário, ao lado da enorme cruz que chantara na praçola da cidade, eram de impressionar. Um sermão como o que fora por nós ouvido (e gravado em fita magnética) tem mesmo o condão de reforçar a prática da flagelação, autoflagelação por aqueles beiradeiros patrícios desassistidos espiritual e economicamente e assombrados com a ameaça de perder a vida futura.

A prática da flagelação em nada diminuiu nessa região e a impressão que se tem é que ela está cada vez mais intensa, embora reprimida. Ultimamente seus praticantes procuram ocultar-se cada vez mais nas caatingas para que olhares profanos não a desvirtuem. (Nossa palavra foi cumprida: não levamos máquina fotográfica nem gravador de som. O que menos esperavam aconteceu: cantamos com eles os "benditos", fazendo a segunda voz, aumentando assim o nosso prestígio de observador participante.)

O observador arguto poderá ver à saciedade "penitentes" em toda a região são-franciscana. Pelo fato do hábito de os homens da classe mais desvalida andarem sem camisa, põem à mostra o dorso lanhado pela "disciplina", as costas "cortadas", as "cicatrizes sagradas".

Xique-Xique, na Bahia, parece ser o centro maior dessa prática, conforme assinalou Fernando Altenfelder Silva, nosso ilustre colega de equipe de pesquisas sociológicas supervisionadas por Donald Pierson, em 1952, ao longo do rio São Francisco.

O toque seco da matraca, quando a noite já vai larga, é ouvido a longa distância. De uma casa do povoado sai um caboclo de meia-idade carregando enorme cruz de cerca de dois metros de altura, em cujos braços está pendurada uma toalha branca. Dirigiu-se para a porta do cemitério. Segue-lhe os passos o tocador de matraca. Os devotos alertados pelo sinal convencional desta voz de madeira (quando os sinos se emudecem!) vão se aglomerando no local tradicional de encontro. Já na porta do "sagrado", onde tem início a reza, há um número considerável deles. O "dono" da cruz dá começo à reza. Vários benditos são cantados porque desse local eles saem para percorrer "sete estações" e guardarem a cruz na casa do "mestre". Finda-se assim a "lamentação" na qual homens e mulheres tomam parte. Assemelha-se muito à "recomenda das almas" praticada no sul do país.

Realizam com tais "lamentações" um trabalho sagrado – alimentam as almas que ainda estão penando nos ares ou no purgatório, expiando com essa prática os seus penares. Alimentação das almas dos outros e ao mesmo tempo protegem-se, "fechando o corpo" contra perigos e males, e adquirem a salvação futura, caso não interrompam as sete vezes que devem assim proceder.

A prática de sete anos seguidos é o mínimo exigido, porque não há proibição para que se reencete novo período; o que não devem fazer é iniciar e depois não continuar. Neste caso, há sanções que o sobrenatural aplicará: doenças, desditas etc.

Os praticantes desse ritual estão firmemente imbuídos da presença das almas dos que morreram enquanto fazem aquele percurso dos "sete passos". Mais uma vez se confirma o que assinalamos atrás, que, enquanto na Europa o encontro dos mortos com os vivos se dá no Carnaval, no Brasil é na Quaresma.

Alta madrugada, antes de ser guardada a cruz, há a cerimônia do "beijamento", com a qual encerram naquela noite a "alimentação das santas almas benditas".

As rezas entoadas têm muito do canto sacro – a suavidade. As vozes atenoradas dos meninotes, as graves dos homens e as das mulheres formam um conjunto mavioso. Aquelas melodias repassadas de fervor religioso ficam cantando nos ouvidos de quem presencia as "lamentações", os muitos benditos.

Carpição

No município de São José dos Campos, além do rio Putim, no bairro do Pernambucano, há uma capela dedicada a Nossa Senhora do Bom Sucesso, mas que os fiéis chamam de Capela de Nossa Senhora da Carpição, cuja cerimônia religiosa se realiza aos 15 dias de agosto de todos os anos.

A terra é retirada com a enxada; muitos romeiros fazem promessa de cavoucar o terreno. Ao cumprir a obrigação, o devoto carrega naturalmente na mão a terra, porém, quando é para cumprir promessa por causa da cura de uma doença, então podem-se ver crentes carregando a terra encostada ora na face, por causa de dor de dentes, na cabeça, costas etc. Tal cerimônia não se restringe apenas ao ser humano; cães, cavalos, bois dela participam. É o cão arrastado pelo dono, fazendo três percursos com a terra nas ancas para que não tenha nambiuvu; é o cavalo a carregar um picuá no lombo ou na cernelha para não ter ou curar-se de pisaduras; é o terneiro, como representante do rebanho, puxado por uma peia à guisa de cabresto, indo e vindo com um saquinho de terra para que o resto do gado não apanhe bicheiras.

Candomblé

As práticas religiosas e o culto às divindades africanas praticados pelos escravos negros no Brasil tiveram que ser realizados nas catacumbas umbrosas das noites. O culto a esses deuses tornou-se uma religião de iniciação, em que há reclusão para admissão. É a religião africana trazida para o Brasil pelos nagôs, bantos, jejes etc. Atualmente muito modificada devido ao sincretismo religioso motivado pelos contatos culturais: influências advindas de nossos índios e dos brancos. É claro que no candomblé a religião domina a magia, não é a cura das moléstias o seu principal elemento. Isso o distingue do toré. A finalidade primordial do candomblé é o êxtase pelo qual os homens possam penetrar no mundo dos deuses, num mundo cheio de mistérios. Por meio da dança selvática e do canto monótono, ao som de atabaques, membranofônios batidos vigorosamente, retinir de campas, dança e cantos encontram o caminho pelo qual atingem o êxtase místico. Os orixás, vindos ao encontro dos mortais, proporcionam alegria, e sua chegada é saudada com cantos. Ao baixarem, cumprimentam os presentes, transmitem conselhos, abraçam seus conhecidos. Depois que o orixá recebe a sua "linha" para deixar a filha-de-santo na qual esteve manifestado, é preciso um "despacho". *Os conselhos podem ter o caráter de indicação para curar doenças, prevenir contra* perigos que ameaçam a saúde ou o êxito nos negócios. Demoram para transmitir a mensagem, mas geralmente todos a trazem.

A pessoa, quando em êxtase, e pelo fato de ter baixado nela um santo, fica às vezes com a fisionomia acentuadamente deformada, olhos cerrados ou semicerrados, respiração ofegante, movimentos exóticos. As alterações fisionômicas assumem às vezes características cadavéricas. Há pessoas que ficam em convulsões no chão; quase sempre dançam de maneira selvática. Aqueles filhos-de-santo, quando bailam, se tornam todos membros de uma confraria mística. Quando estão tomados pelos orixás, não são mais os mortais com os quais convivemos em Piaçabuçu que estão dançando, mas sim os próprios deuses da África que ali se acham. Os movimentos são rítmicos, os corpos revoluteiam, a música enreda a todos, os cantos são envolventes. "O candomblé não é um método de excitação de fenômenos patológicos, porém uma técnica de controle social de vida mística." O poder fisiológico do ritmo musical provoca estados cinestésicos e dá aos participantes aquele estado de sonolência, outras vezes de exaltação.

Pequeno é o papel que a medicina tem no candomblé, pois os deuses não são utilizados em benefício dos vivos; Roger Bastide afirma que tal se dá "porque o candomblé não é religião de consumo".

A reunião do candomblé é hebdomadária; a "nossa brincadeira não faz mal para ninguém, não sei por que é perseguida", afirma o pai-de-santo do candomblé.

Logo após o início da feira, após terem suas compras feitas, homens e mulheres tomam banho no rio. É a ablução para penetrar no lugar santo. Banham-se e ao entardecer se dirigem para o local distante da cidade. Não vão em grupos, mas isoladamente. Em geral as mulheres passam sobraçando alguns embrulhos – são as vestes. Quando passa alguma mocinha, de lenço amarrado na cabeça, é filha-de-santo que está sendo feita, seus cabelos foram raspados, há pouco ela esteve reclusa, é uma inicianda, está tomando os "banhos-de-cheiro". A iniciação favorece a perpetuação do candomblé. Certamente é por isso que dia a dia aumenta o número de fiéis e de terreiros de candomblé pelo Brasil, com as denominações regionais.

Reúnem-se num local afastado onde possam bater os atabaques, os tambores, cantar os seus cantos acobertados das perseguições policiais.

TORÉ

O toré é de origem ameríndia, e nele as pessoas buscam remédios para suas doenças, procuram conselhos com os *caboclos* que "baixam". O mestre defuma, receita, aconselha. Certamente é o mesmo catimbó dos arredores das capitais e grandes cidades nordestinas, onde os destituídos da fortuna procuram como oráculo para minorar os penares e desditas.

Quando afirmamos que toré é o mesmo que catimbó, pajelança, babaçuê ou a "encanteria" do Piauí, o fizemos porque, neste vasto Brasil, as denominações de uma dança, de uma cerimônia, variam de região para região. Em Alagoas, na foz do rio São Francisco, em Piaçabuçu, toré é o mesmo, o mesmíssimo catimbó, no qual, além das funções medicinais fitoterapêuticas, são encontrados os elementos fundamentais deste, herdados do índio: a jurema e a defumação curativa.

No toré faz-se a procura do nome da moléstia e adivinhação mágica. Além da defumação usam ervas e, entre elas, se destaca a jurema, em cujos poderes mágicos os sertanejos acreditam piamente. É, portanto, medicina mágica cujo oficial e executor é o presidente do toré, também chamado "mestre" do toré.

No toré de Piaçabuçu, os "caboclos", para "baixarem na terrera", precisam ser chamados na "piana" por meio de um canto – "linho" ou linha e batidas do maracá. O mestre, dirigente do toré, não usa indumentária especial, a não ser um cocar de penas, chamado por ele de "capacete de índio". Os membros do toré se reúnem às quartas-feiras e sábados, logo após o Sol se pôr. É a reunião – a "chamada".

No toré, a simplicidade está presente na ausência de traje e alimento especiais. Sem atabaques, apenas o maracá. Não é em si cerimônia religiosa, mas, graças ao sincretismo toré–candomblé, há a tendência de tomar caráter sagrado. Quanto mais se aproxima do candomblé, perde não apenas o maracá, mas o cachimbo e a fumaça curativa, sempre presentes no toré. Em compensação, ganha atabaques, sinetas, campanas e idiofônios metálicos. É que o negro, quando veio para o Brasil, já estava na era do metal; o índio não. Este tinha o maracá, o cachimbo e as plantas aromáticas que se misturam ou não ao tabaco para a fumarada terapêutica.

No toré, reafirmamos, a direção é do presidente: ele recebe os "encantados", ele é quem toma realmente a direção dos "trabalhos", ao passo que, no candomblé, é um filho ou filha-de-santo que "cai no santo", sem a predeterminação do pai ou mãe-de-santo. Não podemos afirmar se é o caráter, as determinantes raciais do negro ou do branco (mestiço ou descendente de índio) que influem na hospedagem dos orixás e "caboclos" quando baixam no terreiro ou na piana (mesa do toré). Aqueles se manifestam por uma abundância de movimentos, de sons guturais; estes, os "caboclos", são mais calmos, joviais, atenciosos, são visitas bem comportadas cuja presença nos dá a impressão de que a sua finalidade única é receitar, dar conselho.

A duração de uma sessão de toré é muito menor do que a de um candomblé. Enquanto o toré funciona às quartas e sábados e não vai além da meia-noite, o candomblé tem início no sábado à tarde e, muitas vezes, é dia claro de domingo e ainda os orixás estão, através dos filhos e filhas-de-santo, dançando nos terreiros. O domingo é também o dia dedicado ao descanso do corpo que "pinoteou", executou todos os possíveis e inconcebíveis movimentos que a coreografia clássica desconhece.

Ritos de morte

No interior da Bahia, região são-franciscana, é comum, após o sétimo dia do sepultamento do defunto, realizar a *visita da cova* pelos familiares do falecido. Quando houve o enterramento, não apareceram as mulheres. Estas não vão ao cemitério nessa ocasião. Agora elas estão presentes no cortejo que sai da casa do morto e se dirige processionalmente ao cemitério, levando a cruz destinada a marcar a sepultura. Ali chegados, todos os presentes rezam um terço, aproximam-se da sepultura, despedem-se do morto. Esta cerimônia laica do catolicismo brasileiro substitui a missa do sétimo dia.

Cemitério dos pagãos

No Nordeste brasileiro, o local onde são enterradas as crianças natimortas ou recém-nascidas que morreram sem ter recebido o batismo católico romano chama-se "cemitério dos pagãos".

Não usam, nesse caso, enterrar no cemitério, pois consideram esse um lugar sagrado; daí sepultarem nas encruzilhadas de caminhos ou na biqueira da casa, assim bem próximo de onde moram para, no caso de ouvirem a criança chorar, levarem até aí água benta para batizá-la. Acreditam que antes de completar sete anos a criança chorará, e é preciso que um cristão ouça e batize o morto. O cemitério dos pagãos das beiras de estradas nordestinas é facilmente reconhecido por causa das três cruzes juntas que o caracterizam.

Recado ao morto

Velha usança, certamente originária de Roma e aqui introduzida pelos portugueses, é o recado ao morto. Uma pessoa aproxima-se da mesa onde ele está sendo velado e num intervalo, quando os "exaltadores" não estão rezando, ou mais comumente na hora da saída, falam com o defunto como se ele estivesse vivo.

Em Cunha (SP), o informante Perequê disse que seu avô contava que o maior temporal que viu sobreveio porque havia morrido um homem. Um conhecido do defunto veio para o velório e, na hora de sair a rede, colocou nos pés do "que ia pro país dos pés juntos" uma pequena moeda de vintém, então corrente na época, e disse ao defunto: "Isso é para São Pedro mandar um vintém de chuva." Logo que foi enterrado, mal haviam voltado para casa, caiu um temporal como nunca. Então o homem se lembrou da encomenda e disse: "Puxa, como a chuva anda barata lá por cima. Imaginem só seu eu tivesse mandado uma pataca! Viria 16 vezes mais", concluiu.

"Recomenda" das almas

"Recomenda" das almas é a forma popular da encomendação dos defuntos. A recomenda das almas é a apropriação que o povo do meio rural desassistido espiritualmente (por causa da distância, das dificuldades de transporte, do pequeno número de sacerdotes etc.) faz de um ritual que só poderia ser executado pelo padre – a encomendação dos defuntos – e que, na falta deste oficial sagrado, assume forma não aceita atualmente nas cidades, mas esperada e portadora de conforto para aqueles que vivem na roça. É um "trabalho" religioso indispensável, executado pelos "recomendadores", e que se realiza por ocasião das cerimônias e festas, quando uma parte dos cristãos rememora os episódios que culminaram com o drama do Calvário. A "recomenda", também chamada "recomendação", não é como a encomendação, oração fúnebre que o sacerdote recita junto ao defunto antes da saída e antes da inumação.

Caretas

Enquanto na região do campeiro, da cafeicultora e mesmo na da mineração e parte da região do boiadeiro se processa a *recomenda das almas*, nas faldas da região amazônica, no Piauí e no Maranhão, na noite da Sexta-feira da Paixão, sai um grupo de mascarados – os *caretas* – que mais parecem "almas do outro mundo", segundo afirma Raimundo Rocha.

Os caretas saem nas horas caladas da noite. É um grupo composto exclusivamente de homens, com disfarces tão horrendos, carantonhas tão aterradoras, que geralmente um não conhece o outro, porém encontram-se, como é de costume, nas proximidades do cemitério local. Uns empunham chicotes enormes para arredar os cães assustados e outros carregam cavadeiras e enxadões com os quais cavoucam o chão para plantar bananeiras e palmeiras.

E por que plantam essas duas espécies de árvores, por que esse reflorestamento que só é feito ritualisticamente nessa noite em que o Iscariotes se enforcou?

Informa Raimundo Rocha: "Plantam essas árvores porque em seus galhos é impossível alguém se enforcar."

Concluiu o informante: "Esse costume está se acabando porque algumas pessoas tomam como represália plantarem em suas propriedades (ou defronte à casa) tais árvores, afinal de contas, eles não são o Iscariotes, não estão com desejo de se enforcar."

Possivelmente os *caretas*, com o plantar tais árvores, realizam uma espécie do testamento do Judas, quando deixam uma corda para a pessoa mais malquista da comunidade. Vingam-se assim os caretas, na noite mais misteriosa do ano, daqueles que o ano todo os oprimiram das mais variadas maneiras.

Parece contraditório, em bananeira ninguém se enforca... Vale o simbolismo desse ritual dos caretas que vivem às margens das águas lustrais do Parnaíba. Certamente foi o ensino de algum sacerdote que teatralizou esse acontecimento que se tornou uma tradição regional.

No estado de São Paulo, há *careta* no singular. É uma peça feita de abóbora ou cabaça, com uma luz dentro para assombrar à noite crianças e adultos medrosos porque a luz atravessa os buracos da boca, do nariz e dos olhos da careta.

Malhação do Judas

Espetáculo conhecido e praticado em todo o Brasil é o da malhação do Judas, ao meio-dia do Sábado de Aleluia. Revive a festa pagã das "Compitales Romanas". Neste ano de 1962, pelo Brasil afora, o Judas malhado em praça pública tinha a máscara de um político de grande evidência no cenário nacional por causa de seu ato inesperado. É o bode expiatório malhado em praça pública pela criançada. No testamento do Judas extravasam seu ódio. Função catártica da malhação se encontra também no testamento.

Além da malhação, que constitui um espetáculo tradicional e que desperta a atenção da criançada, há o *Testamento do Judas*, que reúne os adultos para lhe ouvirem a leitura.

O "testamenteiro" usa para sua versalhada o pseudônimo de "Nhô Juca Teles do Sertão das Cotia".

Ao lado da "forca", lê circunspecto o verrínico testamento:

> Apóstolo fui até agora,
> que serei logo enforcado
> vejam bem toda gente
> pois já estou dependurado.

Modinheiros, violeiros e poetas, como Nhô Juca Teles, são órgãos da opinião pública. Esse mesmo poeta que no "Testamento" satirizou a falta de água e luz na "Imperial Cidade de São Luís do Paraitinga", quando foram inauguradas as novas instalações elétricas, escreveu:

> São Luís do Paraitinga,
> a terra de Oswaldo Cruz,
> de dia não tem água,
> de noite não tem luz.

Dia da judiaria ou da malvadeza

Enquanto em algumas regiões paulistas se processava respeitosa a "recomenda" das almas, existia um costume, certamente herdado dos portugueses, conhecido por dia da judiaria ou de malvadeza. "Não era bem dia de judiaria e sim noite de judiaria." A origem desta prática é etrusca.

A noite de judiaria é a de Quinta-feira Santa, justamente quando o Senhor do Mundo está sepulto e o Satanás está solto, mandando na Terra, se alegrando com todas as judiações que se possam fazer.

As malvadezas ou judiarias são estripulias, brincadeiras que não prejudicam muito: soltar cavalos, tirá-los de um piquete e passá-los para potreiro ou campo, soltar os bezerros para que se ajuntem com as vacas e no dia imediato não se possa ordenhá-las, tirar criação de um lugar para outro, abrir porteira, soltar monjolos etc.

Em Itapetininga, tiravam pequenas criações, escondiam e depois com elas faziam jantares, banquetes, convidando as próprias vítimas (proprietários) para saboreá-los.

Contava meu saudoso pai que, na sua juventude, em companhia de Júlio Prestes e mais alguns moços itapetininganos, numa noite de Quinta-feira Santa, furtaram um cabrito e leitões do coronel Fernando Prestes e depois, no Sábado de Aleluia, convidaram aquele roble paulista para o banquete. Findo este, agradeceram ao coronel Prestes que, com a maior jovialidade, disse aos moços companheiros de seu filho, que foi presidente eleito do Brasil: "Num dia de judiaria eu fiz o mesmo para meu pai em Angatuba, é justo que o Júlio faça o mesmo pra mim. Sou convidado do banquete, mas já que entrei com o cabrito, leitão e quem sabe frangos, pago todas as bebidas para vocês..."

Aos excessos que começaram a acontecer foi colocado um paradeiro, porque os fazendeiros começaram a prevenir-se, armando seus empregados para evitar a judiaria nessa noite de Quinta-feira Santa. Assim foi se extinguindo no estado de São Paulo o dia da malvadeza ou da judiaria.

Esse costume persiste ainda em Mato Grosso e Goiás, mais ligado aos que se dedicam à vida pastoril do que naqueles grupos que cuidam da agricultura. No estado de São Paulo eram comuns tais brincadeiras em Botucatu, Pratânia, Itatinga, Avaré, fato que presenciamos em nossa juventude.

A CIRCUM-AMBULAÇÃO

Em vários santuários católicos romanos pelo Brasil afora temos anotado o ritual islamítico da circum-ambulação. Em São Francisco de Canindé, no Ceará, em 1962, presenciamos o cumprimento de promessas de romeiros, dando voltas de joelho em torno daquela imponente basílica tropical, uma das formas comuníssimas no local.

Outra que se assemelha à troca do tapete que cobre a Caaba é a confecção de nova capa do santo, fato comum nos santuários brasileiros.

RITO ABLUCIONAL

A ablução é um rito existente em todas as religiões do Oriente. Conhecidíssimo é o rio Ganges, tido como sagrado, onde os hindus a praticam.

Aqui no estado de São Paulo, há mais de 40 anos a ablução vem sendo praticada pública, regular e anualmente por peregrinos de Santo Amaro, que se dirigem processionalmente a Pirapora do Bom Jesus.

A romaria de cavaleiros teve início com apenas seis peregrinos que se dirigiam numa fria madrugada de fim de abril de 1920, levando cerca de 15 horas de percurso até chegar ao santuário. Ali chegados, a primeira coisa que fizeram foi banhar os cavalos suados nas águas do lendário Tietê. Essa forma de rito ablucional tem persistido até hoje.

* * *

É também rito ablucional o praticado pelos devotos de Janaína, de Iemanjá. As praias paulistas tais quais as baianas e gaúchas, a 2 de fevereiro de todos os anos, ficam repletas de cultuadores da Mãe das Águas, da Rainha do Mar. Na praia se reúnem os fiéis paramentados, após a cantoria do cerimonial, onde os membranofônios vibram fortemente. Depois de "puxar couro", são levados os presentes a Iemanjá, dona Janaína, entrando todos nas águas do mar. Um dos membros da seita leva um barco o mais distante que pode, soltando-o ao sabor das ondas.

As praias paulistas de São Vicente, Grande, Itanhaém e Peruíbe se irmanam com as baianas do Rio Vermelho, Pituba, Amaralina e Itapoã nesse dia, e dona Sereia é a dona delas, ali está para receber através do rito ablucional a devoção de milhares e milhares de brasileiros.

Mutirão

À forma de ajuda vicinal festiva praticada por grande parte da população rural de São Luís do Paraitinga, em São Paulo, dão o nome de "mutirão" ou "putirão". De região para região, há diferenças na maneira de pronunciar este vocábulo, porém todos significam a forma festiva de ajutório entre vizinhos nos bairros rurais, pois, além do mutirão (grafia mais comum), existe outra que não é festiva – o "serão". Tanto o *serão* como o *mutirão* proporcionam o pagamento ao vizinho com os *dias trocados*, forma retributória.

No mutirão encontramos as seguintes características que o distinguem de serão: é realizado durante o dia, congrega grande número de pessoas, não sendo necessário que estas tenham especializações; desenvolve-se somente ao ar livre, em seu desenrolar há competição entre os mutireiros; é festivo, terminando com bailes e danças. O serão não é festivo e não tem emulação ou competição entre os participantes, é realizado tão-somente à noite, quase sempre em recinto fechado; reúne poucas pessoas, estas em geral especialistas em determinados trabalhos, como fazer cestos, jacás, retalhar e preparar toucinho ou carnes de porco (lingüiças), debulhar milho, preparar tachadas de doces de marmelo ou de outras frutas, destalar fumo, recolher milho no paiol, malhar feijão etc. Sob a luz bruxuleante das candeias, das lamparinas de querosene ou das luminárias de bambu com óleo de mamona ou graxa e torcida (pavio), os "vizinhos de grito", às vezes, passam noites seguidas ajudando na cozinha ou num recinto fechado, de quando em vez comendo biscoito, sequilho, paçoca de amendoim ou de carne, reanimando-se com uma rodada de cafezinho. O serão termina logo após o primeiro canto do galo. ("Depois que o galo canta, as assombrações se recolhem, e a gente pode voltar para casa sem se encontrar com elas", disse o participante de um serão.)

O mutirão não se reveste apenas da forma festiva de auxílio prestado ao vizinho, mas, o que é mais importante, é a queda de toda e qualquer barreira social que possa existir entre proprietários de sítios ou fazendas e simples camaradas, lavradores "sem eira nem beira", no desenrolar do mutirão. Todos manejam suas enxadas ou foices, cantam e, findo o trabalho, folgam noite adentro na mais franca camaradagem.

BARGANHA DE RELÓGIOS

Tradicional na cidade de Taubaté é a Barganha de Relógios. Sábado à noite, reúne-se um grupo na porta da catedral, e domingo pela manhã, no mercado municipal, para trocar relógios e entabular negócios.

No mercado, aos domingos, formam-se outros grupos para permuta de objetos, não somente de relógios, havendo um característico que é o da troca de animais. São logo reconhecidos pelos chapelões e botas. Ao lado esquerdo do mercado ficam os que trocam relógio e, ao lado direito, os barganhistas de animais e tudo o que se relaciona com a utilização do animal: arreio, carroça, esporas, guampas, rebenques, botas, palas, ponchos, bombachas, pelegos etc. no "Pátio da Barganha".

QUATRO "MECAS" DOS CAIPIRAS PAULISTAS

A peregrinação a Meca, no islamismo, é uma aspiração de todos os fiéis, que para lá terão que se dirigir pelo menos uma vez em sua vida, para com tal cerimônia cumprir um mandamento religioso. A peregrinação é ritual dessa religião.

Por analogia chamaremos de "mecas" àqueles santuários onde os paulistas se ajoelham para suplicar as graças e bênçãos do Senhor Bom Jesus. Para quatro "mecas" paulistas afluem os romeiros, os peregrinos das zonas rurais mais próximas, no dia 6 de agosto de todos os anos, no período da vacante agrícola, na época do alqueive, para as festas, para cumprir promessas, para visitar o santuário numa circum-ambulação piedosa e rever amigos em Tremembé, Pirapora, Perdões e Iguape. Romarias tipicamente constituídas pelos caipiras, pelos rurícolas.

Localização geográfica

Um estudo mais acurado da localização desses santuários revelou-nos que não foi a presença do santo que influiu no processo do desenvolvimento (ou atual estagnação) desses locais, mas sim a posição geográfica, existência de vias de comunicação que levaram a situar-se ali um santuário dedicado a Bom Jesus, nem sempre orago desses povoados, entretanto cuja imagem foi encontrada "miraculosamente", fazendo este santo questão de ter edícula própria nas proximidades de onde foi retirado das águas.

No sul do país os santos em geral foram encontrados na água do mar ou dos rios, graças à potamografia rica. Estradas líquidas de penetração, nos primórdios do povoamento pelo branco, que estabeleceram maior dependência e relação entre o homem e esse elemento natural. Já no Nordeste seco, os santos aparecem depois de uma queimada, jamais nas águas. No Norte, onde há abundância d'água, como em Belém do Pará, São Benedito da Praia apareceu nas águas; Nossa Senhora de Nazaré ou dos Círios também.

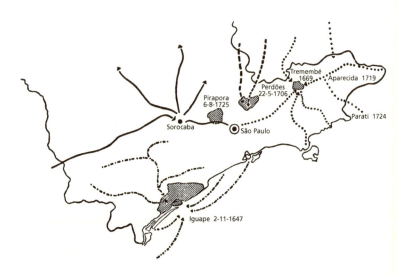

CAPÍTULO VII | Sabença

O folclorista piracicabano João Chiarini, com aquele senso de humor que o caracteriza, disse que *o folclore é como um buraco na areia, quanto mais se cava, mais largo fica*; assim é que, quanto mais se estuda e pesquisa, mais se alarga o seu campo; deixa de ser apenas o *Popular antiquities*, de William John Thoms, para se tornar de limite quase impossível de ser traçado, como assegurou Arnold van Gennep.

O campo do folclore cada vez mais se alarga, dando liberdade ao pesquisador de subdividir, fazer novos enquadramentos, de distribuir a matéria estudada assim como estamos fazendo com este capítulo sobre a sabença popular.

A sabedoria da boca do povo é enorme. Diariamente proferimos frases, conceitos tradicionais, sentenças resultantes de conhecimento acumulado através da observação, sabedoria popular que habita na memória coletiva. Sabença cuja permanência e conservação se devem em grande parte ao poder da usança que dela se faz no dia-a-dia.

O povo tem conhecimento de fenômenos relacionados com a astronomia, meteorologia, medicina, enfim, os mais variados ramos do conhecimento humano. Para sua transmissão usa não raro o provérbio, a frase feita, a adivinha etc., fórmulas, enfim, nas quais procura-se, de maneira prática, condensar os conhecimentos, acervo este de observações transmitidas de geração a geração, vindas muitas vezes dos milênios transatos, porém retemperadas pelo uso no cotidiano, emprestando a esses conceitos o papel de verdadeiros guias práticos orais, verdadeiros "códigos de sabença popular, constituindo uma coleção de leis ditadas pelo "ouvi dizer", "os antigos faziam assim", "meu avô já dizia", persistindo graças à oralidade, permanecendo na atual realidade brasileira pelo largo uso que o povo dela faz.

De onde veio a sabença popular? Difícil será saber. Dos astrólogos assírios e babilônios, dos portugueses, dos africanos, dos brasilíndios os conceitos da meteorologia? E o que se refere às puçangas? Não nos enveredaremos à procura das raízes dessa sabença popular; o que nos interessa é a sua vivência, a sua presença na sociedade brasileira.

Sabença popular enquadrar-se-ia em *linguagem popular*; entretanto, o que nos levou a colocá-la em outro capítulo foi aquele sabor de *guia prático*, de orientador, espécie de oráculo que estas variadas fórmulas do conhecimento dão ao homem, principalmente ao do meio rural. Uma espécie de "Lunário perpétuo oral".

Sabença popular é bem um capítulo da sociologia rural porque traz em seu bojo algo de informativo para que um dia seja feita, juntamente com outros estudos, uma interpretação da realidade rural do Brasil, país eminentemente rural, onde a realidade urbana está a meio quarteirão da realidade rural.

Sabença popular oferece aspectos da vivência de comunidades rurais, uma nordestina e outra paulista, experiência da vida social de rurícolas brasileiros no campo da *meteorologia*, da *medicina*, da *agricultura*, do *pastoreio*.

MEDICINA RÚSTICA

Em todo o Brasil é comum o homem do povo buscar remédio para suas doenças, males e mazelas nos benzimentos, rezas, chazinhos, mezinhas, garrafadas, invocação de divindades, gestos e uma infinidade de práticas.

O estudo dessas práticas levou-nos a coletar dados em vários estados brasileiros, destacadamente Ceará, Alagoas e São Paulo. Nesta vastidão territorial, às vezes, uma determinada erva tem as mais variadas funções; uma planta, outras vezes, serve para um só mal, como por exemplo as folhas da laranjeira.

O vocábulo escolhido é *rústico* – Medicina rústica. Traz aquele sabor latino de *rusticus*: relativo ou próprio do campo. *Medicina rústica*, no seu sentido lato, sem restrições de cor ou miscigenação, não serão portanto apenas as práticas de um grupo de filhos de índios, como se poderá pensar quando no Norte brasileiro se usa o vocábulo caboclo. Repudiamos também os vocábulos *matuto*, *caipira*, por envolverem juízo de valor. Isento de preconceitos será o termo adjetivante *rústico*, significando *relativo ao meio rural, próprio de um país eminentemente rural, como é o nosso Brasil.*

Definição

Consideramos *medicina rústica* o conjunto de técnicas, de fórmulas, de remédios, de práticas, de gestos que o morador da região estudada lança mão para o restabelecimento de sua saúde ou prevenção de doenças.

No quadro adiante damos um esquema da *medicina rústica*, suas divisões, seus remédios ou técnicas empregados e os oficiais ou agentes da cura.

Medicina Rústica

Medicina mágica

	TÉCNICAS OU REMÉDIOS EMPREGADOS	OFICIAIS
BENZEDURA	Reza, gesto, oração	Curador Curador de cobras Rezador Benzedor "Benzinheira"
SIMPATIA	Práticas, gesto, palavra Transferência Açoterapia Susto	Comadre "Assistente" "Os mais velhos" Pais
PROFILAXIA MÁGICA	Relique, patuá, bentinho, amuleto, santinho, talismã	
TORÉ	Adivinhação mágica, procura do nome da moléstia Defumação Uso de ervas	Presidente do toré
CATOLICISMO BRASILEIRO OU DE *FOLK*	Promessa, romaria, novena, confissão	Santos e divindades, padre, beato e milagreiro

Medicina religiosa

	TÉCNICAS OU REMÉDIOS EMPREGADOS	OFICIAIS
CANDOMBLÉ	Adivinhação simbólica, procura da divindade ofendida para homenageá-la	Pai ou mãe-de-santo
	Terapêutica ritual	Xapanã

Medicina empírica

	TÉCNICAS OU REMÉDIOS EMPREGADOS	OFICIAIS
FITOTERAPIA	Chazinho Mezinha Lambedouro Garrafada Cataplasma Tópico – ungüento Purgante Vomitório Suadouro	Doutor de raízes – Comadre "Entendidos" "Os mais velhos"
EXCRETOTERAPIA	Fezes, saliva, leite, cera do ouvido	Doutor de raízes
DIETA	Comidas especiais, alimentos proibidos, quentes ou frios, "carregados"	Comadre "Entendidos" "Os mais velhos"
BALNEOTERAPIA	Banho externo e interno, "ajuda"	
SANGRIA	Bichas	Barbeiro
PIRÓTICA	Brasas	O interessado
PINGATERAPIA – panacéia folclórica. Suas técnicas: curtimento mistura massagem inalação		

Meteorologia popular

É na flora e na fauna que o caipira vai buscar elementos para suas práticas mágicas, terapêutica popular cuja transmissão vem se dando através das gerações. Estando em contato direto com a terra, com o seu amanho e aproveitamento, as necessidades de chuva ou de sol muitas vezes têm capital importância para sua própria sobrevivência ou bem-estar coletivo. Desenvolvem seus conhecimentos também através da observação. Desde cedo se iniciam na observação das fases da Lua e dos fenômenos atmosféricos. Procuram então dominá-los, daí praticarem formas mágicas para chamar ou afastar chuva e elegerem um santo do hagiológio católico romano como o supremo interventor nos fenômenos meteorológicos. É a meteorologia popular que, na vastidão do Brasil, poderá variar, mas nunca se afastará dos cânones portugueses dessas usanças.

Ad petendam pluviam – Varia de lugar para lugar e principalmente de região para região o santo que faz descer as chuvas. Na comunidade paulista de Cunha, é São José. Aliás, como verificamos, é o santo mais querido no município todo.

Em São Paulo, pequeno burgo então em 1800, era outro o santo que desempenhava tais funções. É do punho de um bispo que vemos firmado o que hoje é imputado como crendice de caipira. O folclore é, sem dúvida, um índice fiel das inquietações coletivas. Dizem que o povo não cria, apenas repete. O que está repetindo hoje é o que aprendeu há séculos, ou imita o que é proibido atualmente.

Rifoneiro da chuva

Há uma série de sinais que o caipira cita como indicadores de chuva. É rico o rifoneiro caipira. Há rifões que remontam séculos.
"Manhã ruiva, ou vento ou chuva."
"Céu pedrento, chuva ou vento."
"Quando a chuva começa na minguante vai até o mês entrante."
"Bugio ronca na serra... chuva na terra."
"Lua com circo (círculo), água traz no bico."

AGRONOMIA POPULAR

Entre outros ramos da sabença popular, a geoponia é de grande interesse não só para o estudioso do folclore, porém principalmente para a sociologia rural. É de inenarrável importância mormente num país que deu seus primeiros vagidos ao som das moendas dos engenhos, que cantarolou acalantos nos aboios dos criatórios, balbuciou nos eitos do algodão, aprendeu os primeiros vícios fumando o tabaco que plantou e se tornou adulto estendendo as intermináveis rilhas dos cafezais, sesteando nos galpões, chimarreando ou tomando o chá preto que a mão do amarelo ensinou a plantar.

A agronomia popular é de grande interesse principalmente agora que as técnicas tradicionais de amanho, semeadura e colheita vêm sofrendo o impacto da maquinaria e cada dia se acentua o êxodo rural. Desde a escolha do terreno, a encosta ensolarada ou noruega, a "friage" (umidade), o "sombreado", o conhecimento do teor do terreno graças às plantas nativas que o revestem, os períodos de "pousio" que cada tipo de solo requer para maior produtividade, revelam um acervo de observações que vêm passando de geração a geração.

A escolha do terreno tem relação estreita com o que se vai plantar. O tipo de cova, o distanciamento, o número de sementes, a possibilidade de plantar duas plantas diferentes (milho e feijão, por exemplo) no mesmo terreno. Vale a pena observar até o tipo de instrumentos, de ferramentas usadas para os trabalhos agrícolas.

Há uma espera para o plantio. Em geral cada espécie de planta temporária tem, além do período certo, isto é, do ciclo agrícola, uma data que deve coincidir com o dia de guarda de um determinado santo do hagiológio católico romano. O ciclo agrícola se relaciona com o calendário religioso* tanto para o plantio como para a colheita, principalmente para o primeiro. Obedece às épocas certas das "limpas" das plantações e depois à colheita. Geralmente não gosta de "atrasar", daí, não raro, o mutirão que engalana de alegria as lidanças agrícolas.

ZOOTECNIA POPULAR

A herança portuguesa de lidar com os animais domésticos, com o gado bovino, cavalar, muar, ovino, suíno etc., deu ao rurícola brasileiro uma técnica de subsistência que assinalou no passado um ciclo econômico no Brasil: o pastoril, cujo esplendor foi cognominado por Capistrano de Abreu "civilização do couro".

O jegue está a merecer um estudo acurado porque ele é sem dúvida o animal de real importância nas regiões secas do Nordeste.

O cavalo nos pampas é o pégaso do progresso cuja presença econômica e histórica está ligada ao gaúcho – rei do campeirismo, cujo trono é a coxilha.

O burro está presente em todo o território nacional, para tiro e carga.

Ao marcar o gado, há sinais convencionais feitos por exemplo nas orelhas das vacas e garrotes – as *divisas das eras*, como as chamam na região do boiadeiro, ou a *marca da ribeira*, da região do vaqueiro.

---

* Alceu Maynard Araújo, *Ciclo agrícola, calendário religioso e magias ligadas às plantações* (1º Prêmio Mário de Andrade, 1950), Gráfica da Prefeitura Municipal de São Paulo, 1957.

Marcas para gado

Ferro para marcar

*Ferro de marcar
(pirogravar no couro)*

*Ferro de marcar
(pirogravar no couro)*

Marcas de era

*Bico, bico de candeia
ou ponta de estrela*

*Pique embaixo ou mossa
por baixo da orelha*

*Pique em cima ou mossa
por cima da orelha*

CAPÍTULO VIII | Linguagem

A LITERATURA ORAL

Ao iniciarmos, em 1942, os nossos estudos do populário, tínhamos em mente conhecer apenas as danças e bailados tradicionais para incluí-los nos programas de educação física e recreação, como fatores propulsores de um despertar de interesse pelo que é nosso, nacionalizador da nossa juventude. Entretanto a anotação do que os participantes cantavam ou falavam, o registro dos informes, nos apontava outro aspecto digno de ser estudado; despertou um interesse novo. Chegamos mesmo a planejar uma pesquisa (executada em parte), começando por mapas das regiões onde tivéssemos oportunidade de estudar, os quais uma vez juntados, viriam a dar um *Atlas lingüístico*, um capítulo da nossa antropologia tropical.

Procuramos as cidades tradicionais, os povoados antigos cuja população não fosse além de um milhar, lugares isolados não bafejados pela industrialização e onde os contatos não fossem muito intensos, comunidades onde dominassem as técnicas de subsistência ligadas ao pastoreio ou à agricultura.

Os informantes foram também escolhidos e qualificados: aqueles cuja idade mediasse entre 30 e 60 anos, que não tivessem feito o serviço militar, quando homens, que, portanto, não tivessem saído da comunidade, e fossem casados com gente do lugar, preferindo os de boa dentição para a perfeita fonação. Os primeiros contatos com o informante revelaram o grau de inteligência, fator que também levamos em conta.

Com as primeiras experiências, verificamos que as mulheres têm vocabulário diferente, mais rico, daí incluí-las também como informantes preciosas.

Recolhemos algum material e posteriormente o gravador de pilha facilitou nossa missão. Quanto à pronúncia, procuramos utilizar certos vocábulos-chaves, comuns em todo o Brasil: *carne*, por exemplo, no qual a primeira sílaba é pronunciada diferentemente no Amazonas, em Pernambuco, no Rio de Janeiro, em São Paulo ou no Rio Grande do Sul. Outra experiência foi feita com as rezas do Pai-Nosso e da Ave-Maria.

O *Atlas lingüístico* ficou apenas no projeto porque os *mapas*, alguns foram apenas debuxados...

As várias formas da literatura oral encontradas nas duas comunidades, além da função de preenchimento das horas de lazer e assumindo, portanto, certa forma lúdica ou catártica, como por exemplo o contar histórias ou as adivinhas, têm outras, como sejam a de ensinar as mnemonias, preparar a eulalia, exercitando a boa pronúncia com os trava-línguas, dar orientação moral ou dar ensino através da sabedoria popular exarada nos provérbios; além dessas há também a de estabelecer a comunicabilidade entre gerações, como é o caso dos acalantos. Essa comunicabilidade é ainda muito maior com outras formas da *literatura oral*, por exemplo, a estória que, quando moços, os homens se negam a executá-la, bastando, porém, somarem-se os anos, e aparecerem os filhos, para que eles lá estejam servindo de elo à tradição, como mantenedores desse acervo que transmitirá aos pósteros. Quem sabe quando moços zombaram da velha que contava estória com o corpo todo, isto é, gesticulando, vivendo a narração; hoje eles é que cacarejam, dão grunhidos ou têm entonações melífluas de voz quando se referem à princesa ou à fada do conto, ou articulam palavras com rispidez ou voz cavernosa e soturna quando vivem o papel da bruxa ou do homem perverso da estória.

A literatura oral exerce também uma função integradora na cultura religiosa; as adivinhas de cunho religioso são uma espécie de catecismo laico que exercita quem as decifra nas coisas da religião. Aliás, essa é a técnica empregada pela Igreja católica romana ou cristã evangélica para dar instrução elementar religiosa através de perguntas e respostas, como já faziam os gregos com o *katekhismos*. É a catequese leiga, profícua porque é espontânea e muitas vezes lúdica, não formal. Nesta forma de ensino religioso pela literatura oral, podemos acrescentar os *ABC* adquiridos nos santuários das romarias, impressos em uma só lauda de papel, contendo versos ou quadrinhas cujos autores são logo esquecidos, sendo, porém, suas narrativas sobre os santos e seus milagres decoradas e repetidas oralmente – é o *flos sanctuorum* dos caipiras paulistas, elemento que nos faz lembrar, em parte, a literatura de cordel nordestina.

As adivinhas

A adivinha é uma forma lúdica na qual a enunciação da idéia, fato, objeto ou ser vem envolta numa alegoria, a fim de dificultar sua descoberta: ora é a linguagem metafórica, ora é a comparação que induz à decifração do enigma oral proposto. Não raro as adivinhas se apresentam em forma metrificada (quadrinhas, rimas toantes ou consoantes), o que facilita a decoração e mesmo a sua transmissão; daí esse caráter de literatura oral que desempenha função de inconteste valor nas zonas onde há exigüidade de escolas, exercendo, portanto, papel didático dos melhores para o ensino da infância, confirmando o grande agrado que por ela as crianças têm. A adivinha se conserva como usança muito mais praticada no meio rural do que no urbano e nos centros industrializados.

Uma das recreações sadias que preenchem de modo proveitoso as horas de lazer dos moradores do meio rural é a decifração de adivinhas.

1 – Quando Deus andou no mundo onde pôs as mãos na mulher? – *Na munheca* (no pulso).

2 – Qual a coisa mais alta do que Deus? – *A coroa* (que está sobre sua cabeça).

3 – O que é que o rei vê uma vez, o homem, toda vez e Deus, nenhuma vez? – *Seu semelhante*.

As estórias

Estórias são os contos que o povo transmite de geração a geração através da literatura oral. Em geral as narrativas tradicionais desta região têm como abertura o "Era uma vez…". "Era uma vez, uma galinha pedrês… quer que conte outra vez?" Ouvimos muitos contadores de estória, ao iniciá-la, dizerem: "Louvado seja Meu Senhor Jesus Cristo, era uma vez…"

A estória difere da história. Esta procura ser o relato fiel do que se passou e qualquer colaboração do contador pode alterar, adulterar a verdade. A estória não; nela, incrustada no tema da narrativa tradicional, está a colaboração do narrador, através da sua capacidade inventiva maior ou menor. O narrador, em geral aproveitando-se do tema, discorre em torno dele, empregando a cor local, vestindo seus personagens com a roupagem ambiente.

Uma das estórias mais ouvidas na comunidade é a de Trancoso (ou Troncoso). Personagem sempre disposto a colocar os ricos em má situação, vingar a injustiça que os pobres e membros da classe destituída sofrem por causa da opressão do "grandola". A história de Trancoso é uma forma catártica que proporciona o bom sono aos seus ouvintes e narrador porque é costume contar estória à noite, antes de dormir. Nela o contador se desforra das desigualdades sociais que sofre, e em Trancoso ele projeta sempre aqueles ideais que gostaria de viver. Dá-lhe e descreve situações nas quais a artimanha de Trancoso age como ele gostaria de agir em situação idêntica. Por outro lado, o contar estórias preenche a necessidade de comunicação verbal.

As parlendas

A parlenda é uma arrumação de palavras sem acompanhamento de melodia, mas às vezes é rimada, e nesse caso a emissão da voz obedece a um ritmo que a própria metrificação das sílabas lhe empresta. A finalidade da parlenda é ensinar algo à criança ou entretê-la. A parlenda, embora se aproxime do acalanto, possui ritmo e não música; usada para decorar nomes ou números, é mnemonia; quando para exercitar a boa pronúncia da criança, desenvolvendo a perfeita enunciação das palavras, é trava-língua.

É na hora conhecida por "boca da noite", quando, findo o jantar, panelas lavadas, as mulheres podem estar com seus filhos, brincam com eles transmitindo as parlendas, brincos e trava-línguas. É nas horas livres que a mãe, podendo cuidar do filho, revive o folclore do berço. Também são os avós que, às vezes, inválidos para o trabalho da roça, ficam com as crianças em casa. São eles os melhores perpetuadores da tradição porque, quando transmitem, gesticulam, imitam vozes de animais etc.

As mães caboclas são verdadeiras heroínas, trabalham na roça ou no fogão e nas lides caseiras, mas sempre acham tempo para se dedicar ao filho. Ao entardecer, em geral, na "boca da noite", antes de cantar o acalanto, com o caçula, é comovente ver-se uma senhora com um filho no regaço a dizer: "Minguinho, seu-vizinho, pai-de-todos, fura-bolo, mata-piolho." Apontando vagarosamente do mínimo ao polegar.

Parlenda muito comum, contando-se os botões da roupa da criança, é a seguinte: "Rei, capitão, soldado, ladrão." Vai-se repetindo.

Outras vezes brincam: "Sola, sapato, rei, rainha, fui ao mar buscar sardinha, para a filha do rei que será minha." Para o menino de cabelos raspados, não faltam os apupos e o: "coco pelado, caiu no melado..."

Os trava-línguas

Em certas parlendas, espera-se que a pessoa, ao proferi-la, cada vez que repita, fale mais depressa: corrupaco papaco, a mulher do macaco, ela pita, ela fuma, ela toma tabaco debaixo do sovaco.

Esta é uma forma também de trava-língua, porque a repetição, mais rápida, criará um problema. Então trava-língua é um problema oral que principalmente os dislálicos terão dificuldade para resolver. É uma forma lúdica que o educador, o professor, poderá aproveitar para promover a eulalia dos educandos. As crianças gostam desses problemas e há mesmo uma "caça de palavras" para formar bons e novos trava-línguas.

Embora sejam criados novos problemas orais que provoquem a boa e fácil dição, estas fórmulas tradicionais estão sempre presentes: *diga três vezes, repita isto, diga,* e a mais comum delas: *diga bem depressa.*

Em Piaçabuçu: "porco crespo, toco preto". "Um tigre, dois tigres, três tigres." "Bagre branco, branco bagre." "Pia o pinto, a pipa pinga." "A pipa pinga, o pinto pia, quanto mais o pinto pia, mais a pipa pinga."

Os provérbios

Os provérbios desempenham as mesmas funções controladoras do bom costume, regras do bem viver e, além dos desse tipo, podemos apontar um rico rifoneiro de observações referentes ao tempo e às suas ligações com o plantio, à alimentação etc. Há uma certa dificuldade em se classificar, em se traçar uma linha demarcatória entre um rifão e uma crendice. Muitos são oriundos desta e, assim, uma crendice pode gerar um anexim.

Na literatura oral são encontradas com abundância as máximas expressas em poucas palavras, uma forma de sabedoria popular que as pessoas mais idosas da comunidade costumam usar nas mais diversas situações, quando estão conversando. Em geral o provérbio é uma espécie de manual da boa conduta, decorado pelos que desejam bem comportar-se. É paremiologia na sua verdadeira acepção o que encontramos em Piaçabuçu.

"Quem não sabe ler é cavalo bategado."
"Antes ser estimado do que abusado."
"Cada um no seu canto, chora seu pranto."
"Não sou bengala de cego que vai para onde se puxa."
"Quem bota pobre pra frente é topada."

Paremiologias

"Quem cabras tem, cabritos vende."
"Vaidade em pobre é defeito e em rico é enfeite."

"Quem vê cara não vê coração."
"Quem não tem dinheiro não beija santo."
"Por causa do santo, beija-se o altar."
"Orvalho não enche poço."

Gestas e romances

Em Piaçabuçu encontramos alguns trechos de gestas e romances, farrapos de antigas canções líricas, de poesias dramáticas outrora cantadas, hoje sem melodia, sem música, apenas versos vivendo entre as loas de cachaça e de maconha. Frangalhos de romances que nos séculos XVI e XVII tiveram grande voga na península Ibérica.

Perderam a forma de romance porque não são mais cantadas, não se lembram mais das músicas, diluíram-se na memória coletiva, apenas são recitadas as quadrinhas das narrativas tradicionais, breves, impessoais, sobre Dão Jorge e Juliana, sobre Silvaninha e seu pai tarado, sobre Santa Helena bordando. A respeito deste último, além de ser transmitido oralmente de uma geração a outra, encontramos em antigos folhetos da literatura de cordel a narrativa em sextilhas, não em quadrinhas, dessa que "estava bordando com agulha de ouro e dedal de prata".

No Nordeste, romance são poemas em versos setissílabos consagratórios em suas rimas simples dos feitos políticos ou notáveis de vaqueiros, dos bois fugidios que falam, narrando peripécias de suas fugas até serem dominados pelo vaqueiro famanaz. No Nordeste, em geral, os romances não são com música, ao passo que, no sul do país, freqüentemente o são.

Das gestas medievas, apenas recolhemos esta de Cirino:

>Adeus Manué de Loanda
>Adeus, meu filho Noguera
>eu quero que me venha contá
>o que foi que viste lá na fera.
>Eu vi o Cirino bebo
>Jisué no chão deitado,
>como o chão não é furado
>eu im jejum ti arrecebo.
>Cirino tava durmino
>Ele com a morte assonhô.

As anedotas

A anedota, ou popularmente "piada", é um conto sucinto de um fato, visando provocar jocosidade, ridicularia. Em geral a anedota maliciosa é classificada em "anedota de salão", "fina", e anedota "que não é de salão" ou "apimentada". A anedota é caricatura verbal que surge espontânea. A anedota revela a presença do folclore no cotidiano. Folclore do cotidiano.

Há um tipo de anedota que revela um julgamento etnocêntrico ou preconceito, por exemplo, aquelas em que o brasileiro procura ridicularizar o português, o citadino, o caipira. Em geral, as que revelam preconceito são facilmente reconhecidas, pois o "contador de piadas" evidencia-o, mudando a personagem central da anedota, dando-lhe uma determinada nacionalidade ou posição, justamente aquela que lhe é inconscientemente adversa, que o oprime ou goza de melhor *status* social do que o seu.

A anedota é também uma espécie de catarse envolta mesmo numa forma satírica.

Acerca de anedotas somente anotamos a sua presença nos grupos masculinos. E outra coincidência – era principalmente nas farmácias que havia ambiente e audientes para as anedotas.

Não sabemos a que atribuir o fato de em ambas as comunidades estudadas não terem sido encontrados exemplos de conto acumulativo, fórmula não muito apreciada atualmente pelas crianças, que hoje se interessam muito mais pelas adivinhas.

Conto acumulativo é o encadeamento de palavras de um pequeno conto, articuladas numa seriação ininterrupta, formando estórias sem fim.

Literatura de cordel

Nas feiras nordestinas, e hoje até nas grandes capitais do Sul, é comum encontrar "bancas" onde são vendidos pequenos livros (o tamanho típico é de 16 × 11,5 cm), verdadeiras peças da literatura popular e tradicional, as quais refletem com espontaneidade os vários assuntos desenvolvidos pelos trovadores. Opúsculos encontrados também nas portas das engraxatarias, enfiados em barbantes, encarreirados em cordéis. Literatura do povo para o povo, pendente, suspensa nos cordéis: assim definiríamos a *literatura de cordel*.

A gente simples e humilde adquire nas feiras esses folhetos e, ao redor daqueles que sabem ler, se agrupam várias pessoas que chegam mesmo a decorar tais façanhas ou estórias, escritas todas em versos, narradas pelos trovadores populares. É claro que a repercussão é grande, pois os poetas, autores da farta literatura de cordel, falam a mesma linguagem dos seus leitores: há um só universo de discurso.

É comum nas feiras nordestinas – verdadeiro ponto de concentração hebdomadária da população rural – aparecerem curiosos vendedores de folhetos: colocam sobre uma esteira ou caixote a batelada de opúsculos e depois começam em voz alta a declamar alguns versos. As pessoas se reúnem circundando-o e, quando o palrador está no clímax de alguma história, pára. Faz uma pequena pausa: "Meus sinhores", conclui, "caso queira saber o resto, leve o folheto tal, este romance... ou aquela história..."

Além destes *cometas da cultura popular*, de maneira mais ou menos permanente, nas comunidades onde há feiras, os folhetos são vendidos nas bancas dos "raizeiros". O "doutor de raízes" vende folhetos ao lado de suas mezinhas. Nos mercados das grandes cidades nordestinas há representantes autorizados dos editores. (Joaquim Batista de Sena mantém cem revendedores em todo o Brasil e agências em Juazeiro do Norte, João Pessoa, Rondônia, Belém do Pará, Parnaíba, São Luís do Maranhão, Recife, Natal e Rio de Janeiro.)

O alcance dessa literatura de cordel, repertório do pensamento do trovador popular, ainda não foi suficientemente avaliado, pois a sua difusão, graças à vultosa aquisição de tais folhetos, leva-nos a acreditar que a disseminação de muitos conhecimentos e até mesmo de temas da literatura universal entre a gente simples se dê através desses órgãos da opinião pública, de comunicação, que são os cantadores, os trovadores, analfabetos muitos, semi-alfabetizados alguns, mas todos inspirados poetas do povo, bardos da cultura espontânea do povo.

Tão farta messe de folhetos sugeriu-nos uma classificação depois de todos lidos e catalogados. Em mais de duas décadas de pesquisas classificamos em seis grupos os *assuntos* explorados na literatura de cordel:

a) *desafios*;
b) *estórias relacionadas com religião, ritos e cerimônias*;
c) *banditismo* (Lampião);
d) *fatos locais*;
e) *pornografia*; e
f) *temas da literatura e história universais*.

Pão-por-Deus

Na comunidade alagoana de Piaçabuçu encontramos o *folkway* de uma pessoa menos favorecida da fortuna enviar bilhetes a outra que, aparentemente, pelo menos era de mais posses do que ela.

Embora a percentagem de analfabetos seja considerável, pedem a um letrado de boa letra para lhes escrever um bilhete. Este pode ser em versos, uma quadrinha, ou dos que assim começam: "com toda delicadeza pego na pena para pedir..." etc. Bem dobrado, dentro de um envelope, sem colar, não raro o portador é o próprio autor intelectual.

Em Santa Catarina, na região litorânea de influência açorita, há o pedido em versos, geralmente em quadrinhas de setissílabas, em que se solicita uma prenda, um mimo – é o *pão-por-Deus*. Diferente do alagoano, que não tem data certa, este a tem.

É uma verdadeira peça artística a missiva portadora do pedido. Usam papel branco rendilhado a tesoura, com os enfeites trançados de papel de cor. Pelo fato de essa peça que o artista periódico realiza (e tal se dá no ciclo natalino) ter a forma de um coração, o pão-por-Deus é também conhecido por "corações".

"Corações" é moda que revive a troca de presentes em uso na arqueocivilização e que, em Santa Catarina, toma as seguintes características: é empregada na época do Natal, a partir de 2 de novembro, portanto antes do dia de Santa Catarina (25 de novembro), até 6 de janeiro.

Conversa vai, conversa vem...

Enquanto conversa vai, conversa vem, ouvem-se provérbios, termos, gírias, modismos, enfim, dá-se curso à torrente desse rico manancial para estudos que é a linguagem popular. "Em boca calada não entra mosca", e não saem as *frases feitas*, pode-se acrescentar.

Frases feitas

Quantas vezes não proferimos uma *frase feita*, que se ajusta perfeitamente ao assunto da conversa? Elas todas tiveram uma origem. Não havendo pressa, "como de quem vai tirar o pai da forca", poder-se-á meditar sobre esses modos de dizer para se conhecer como se originaram. Essa frase é atribuída ao fato de Santo Antônio, estando em Pádua, ter que ir apressadamente até Lisboa para livrar seu pai da forca. Lenda muito conhecida que nos legou essa frase que tem tanta atualidade neste século de azáfama, no qual quase todo mundo corre "como quem vai tirar o pai da forca".

A frase feita evita o circunlóquio. Ela nada tem de perífrase, porque com poucas palavras diz tudo, ou melhor, faz entender o que se queria dizer... entretanto há os que não "entendem patavina" ou "não sabem pataca de qualquer coisa".

"Por dá cá essa palha."
"No dia de São Nunca."
"Não sou pau de amarrar égua."
"Segurando vela."
"Na batata!"
"Isto tem dois vês (vai e volta)."
"Um pé lá outro cá (rapidamente)."
"Pés em duas canoas."

Ditos

Entre as frases feitas e os provérbios há alguns termos também conhecidos por *ditos*. São em geral sentenças. Entretanto, essas sentenças não se enquadram perfeitamente entre os provérbios e são pouco mais do que frases feitas. Os *ditos* em geral revelam uma comparação, identidade de estado:

"Apertado como rato em guampa."
"Pior do que pé com calo em sapato novo."
"Quando procuram porcos até as moitas roncam."
"Filha de onça nasce com pintas que nem a mãe."
"Quem por gosto corre não se cansa."

Pragas

Dentre as frases feitas, necessário é que se destaquem aquelas que revelam um mau desejo, uma atitude de raiva, de rancor ou de inveja – as pragas. Não é a xingação com palavras de baixo calão; a praga é a imprecação de que males recaiam sobre o desafeto. As pragas nem sempre são rogadas *vis-à-vis*, são "pelas costas", daí os crédulos temerem-nas.

Nas comunidades, as pessoas que costumam praguejar são muito conhecidas e postas de quarentena: "Fulana tem uma boca ruim, praga que ela roga pega mesmo."

Há muita crendice ligada às pragas. O rogador de pragas é mais temido do que o blasfemo, do que aquele que vive proferindo palavrões.
Há as pragas mais "brandas":
"Ara, vá pro inferno!"
"Vá amolar a tua avó!"
"Que o diabo te carregue!"

Fórmulas de escolha

As fórmulas de escolha para selecionar os jogadores são uma espécie de lei que o direito consuetudinário estabeleceu entre as crianças para evitar contendas, descontentamentos, sorteando o pegador ou o posto menos desejado em um jogo infantil. Ou é o milenar par-ou-ímpar, mais adotado pelos meninos, ou são as fórmulas de seleção mais de preferência das meninas. Estas foram recolhidas em Botucatu (SP).

"Una, duna, trena, catena, bico de pena, esta sim, esta não."

"Sola, sapato, rei, rainha / fui no mar buscar sardinha / para o filho do rei / e com esta eu ficarei."

"Verba volant, scripta manent"

Se as palavras voam com o vento, hoje há escritos que voam pelas estradas nos pára-choques dos caminhões, fixadores de uma frase feita, de um pensamento, que podem geralmente revelar o estado de espírito do motorista: filosófico, amoroso, religioso, político, irreverente, galanteador, alegre.

O dístico é uma velha usança existente nas barcas, nas velas das jangadas, nas carroças, que ora revive nesse moderno meio de transporte rodoviário.

"Duas coisas não se emprestam: mulher e bateria. Uma volta cheia e a outra vazia."

"Morena, eu apago os faróis e o teu fogo."

"Em mulher e freio de carro não se pode confiar."

"Vitamina de motorista é poeira."

Fraseado de botequim

Antigamente as fórmulas para não vender fiado existentes nas casas comerciais e muito mais nos botecos eram desenhadas, pintadas nas paredes, letras feitas a mão. A arte foi substituída pelas fórmulas impressas. Há tipografias que utilizam os mais variados modelos; entretanto o mais comum é um cartão branco com a impressão tipográfica em letras garrafais de uma frase feita.

Trabalhos artísticos de outrora e papeletas impressas de hoje ficam atrás do balcão, em lugar visível para o freguês que, não sendo analfabeto, não peça fiado. Fraseado de botequim, adotado também em boas casas comerciais das capitais.

"Freguês educado não cospe no chão, não pede fiado e não diz palavrão."

"Fiado? / Só em dia feriado / que o boteco está fechado."

"Não passe sem parar, / não pare sem entrar, / não entre sem comprar, / não compre sem pagar. / Para servi-lo aqui estou, / trabalho e não sou folgado, / de amigo, parente e doutor / foi cortado nosso fiado."

"Não passe sem parar / não pare sem entrar / não entre sem gastar / não saia sem pagar."

"Ele de vender fiado ficou assim."

Loas

À forma proferida em versos, laudatória da cachaça, dão o nome de loa. Impera entre os bebedores de cachaça e fumadores de maconha, propondo cada qual sua louvação, seu verso em louvor. Algumas vezes improvisam a loa, mas há aquelas tradicionais, que se repetem nas "rodadas", nas "lodaças" ao pé do balcão de um boteco onde estão ingerindo cachaça ou quando coletivamente fumam a maconha. Ao passar a "marica" – nome brasileiro desse narguilé primitivo – proferem então uma décima laudatória, uma sextilha, até mesmo uma "parcela" – verso de cinco sílabas largamente empregado pelos poetas nordestinos nos desafios, nas disputas acaloradas. Cachaceiro apenas repete, não cria. Cachaceiro é rocim trotão.

> Do copo eu não recuso
> e nem eu deixo de bebê;
> bebo eu, bebe você,
> bebe Dão Pedro Segundo,
> e não é defeito o bebê,
> vem do começo do mundo.

Gestos

O gesto é o esperanto da comunicabilidade entre os homens de línguas diferentes. A mímica muitas vezes antecede à linguagem oral, e as mãos falam muitas vezes mais do que os lábios. Há gestos populares e até universais que todos entendem. O gesto sobrepõe-se à Babel entre os homens, tornando-se a língua universal da raça humana.

A primeira linguagem que o homem aprende é o gesto. No berço as primeiras reações da criança são para os gestos que o adulto lhe faz.

Cada grupo de idade tem os seus gestos típicos desse período, não raro enriquecidos com a "onda de novos", que invadem uma certa época essa linguagem mímica popular. Os vários grupos têm gestos que formam um universo de discurso mímico entre os seus componentes. Gestos e sinais pelos quais, por exemplo, os maçons se reconhecem. Gestos secretos que só os "filhos da viúva" conhecem.

No Brasil, o melhor estudo sobre os gestos populares é de autoria de Veríssimo de Melo, o qual aponta gestos de revolta ou protesto (mão fechada), humorísticos (pedir dois dedos de cachaça), religiosos (sinal-da-cruz), saudação e cumprimento, grosseria, doença ou defeito físico, e outros mais.

Frio e alegria, manifestos por gestos idênticos, para alegria mais rápido, para frio mais lento e mais demorado o esfregar de mãos.

Indicador nos lábios é sinal de – silêncio!

Indicador dando giros ao lado da cabeça é que "fulano está ruim da cabeça", está gira, maluco, não regula bem. Colocar a mão na garganta "é que está por aqui, mais do que satisfeito". Está farto!

Bocejar é sinal de que está com sono e, para se ter certeza, indaga-se colocando as duas mãos juntas e, sobre as costas de uma delas, recostar um dos lados da face.

Dar de ombros é pouco caso, mão em concha no ouvido é pedir que repita, porque não se ouviu.

Pôr a língua para fora, quanta "gente de bem" não faz, sem saber seu significado pornográfico. E a figa, a banana, apontar com dedo médio?

CAPÍTULO IX | Mitos e lendas

Donald Pierson, nosso professor na Escola de Sociologia e Política de São Paulo, procurava ressaltar a importância e necessidade de o pesquisador social conhecer o "mundo mental" do indivíduo pesquisado. Afirmava: "Por *mundo mental* de uma pessoa entendemos a amplitude de sua atenção, os objetos que lhe são familiares e com os quais ela se sente à vontade. Reflete muito decididamente a herança social dessa pessoa e sua participação na cultura do momento."

Verdadeiramente é um reflexo da herança social (cultura) – "sistema dinâmico e funcional de língua, *folkways, mores*, instituições, idéias, atitudes, sentimentos e técnicas, transmitidos de geração a geração, e que tende a impor-se ao indivíduo desde o nascimento, através da interação com outras pessoas; varia de grupo para grupo e de época para época; cresce e muda".

A maneira justa e perfeita de se tomar conhecimento desse "mundo mental" é através da abordagem que o pesquisador deve ter, realizando assim um melhor entendimento e compreensão do pesquisado. Há certos refolhos do "mundo mental" – crendices, mitos, lendas – que só chegarão ao nosso conhecimento graças à boa abordagem porque é comum, como defesa e principalmente medo de serem considerados tolos, crédulos, atrasados, não as revelarem, guardarem avidamente, ou melhor, resguardarem-se de cometer o ridículo.

A boa abordagem dará ao pesquisado uma liberdade tal que provocará até confissões, "destravará a língua" e uma verdadeira torrente de informações jorrará pela palavra – caminho pelo qual se penetrará nos arcanos do "mundo mental".

Crendices, lendas, mitos somente são narrados quando se percebe que o ouvinte não está com o desejo de menoscabar, de achar que "aquilo é uma bobagem". O ouvinte é o pesquisador. Este deve estar sempre em atitude compreensiva, simpática, porque o pesquisar é uma arte. A arte mais sublime das ciências antropológicas.

Este capítulo resultou das experiências que tivemos na busca de conhecer melhor o "mundo mental" dos moradores de algumas comunidades paulistas estudadas nestes últimos 15 anos.

Àquelas crenças que vivem no mundo mental do povo rústico, nós que vivemos nos meios urbanos, damos-lhe depreciativamente o nome de *superstições*. Outros, mais compreensivamente, as chamam de crendices ou abusões. Para os do meio rural é vivência, para outros é sobrevivência.

O folclorista Basílio de Magalhães* assim definiu *mito* e *lenda*. "Do mito – transfiguração dos seres e fenômenos naturais em corpos inaturais e forças sobrenaturais, *totens* e *tabus*, pelo *eu projetivo* do homem inculto – foi que se geraram as lendas, os contos e as fábulas da tradição popular. O que caracteriza a lenda é a apoteose, ligada a proezas heróicas ou a maravilhas supra-sensíveis, ao passo que o conto é a narrativa de façanhas míticas, ou mesmo históricas, nimbadas pelo halo da lenda, e a fábula é a forma de que se serviu o homem, pela observação de si mesmo e dos animais, em que projetou a sua linguagem e às vezes os seus sentimentos, para constituir a moral primitiva."

Adotaremos também sua classificação para os mitos em *primários* e *secundários*, e estes, em *gerais* e *regionais*.

Há fatos folclóricos, principalmente aqueles que pertencem à literatura oral, ao lendário, à mitologia, que, uma vez esmiuçados, verificar-se-á que não são lusos, e sim asiáticos ou africanos. Seria menos errado dar uma ascendência européia a determinados fatos do que, por "conta própria", ir afirmando ser lusa, hispânica etc.

Poderíamos chamar as lendas que adiante serão lidas de *lendas paulistas*? É perigoso assim proceder. Ninguém foi mais andejo do que o paulista planaltino. Ele esteve presente nos quatro cantos cardeais do Brasil. Não foi apenas o conquistador, o alargador de fronteiras; foi antes de tudo o *povoador*. E quem povoa transmite seus usos e costumes. Leva também um acervo de lendas – o *lendário*.

Muitas lendas que poderíamos chamar de *gaúchas* e por lá foram arroladas possivelmente foram na patrona do homem de botas e calção de couro. Há *lendas mineiras*? Seriam originárias das Alterosas? E os paulistas, que foram

---

* Basílio Magalhães, *O folclore no Brasil*, Rio de Janeiro, O Cruzeiro, 1960, p. 71.

por lá à cata de ouro e pedraria preciosa, não as teriam levado nas bateias de sua memória?

De São Paulo partiram povoadores, monçoeiros. O *lendário paulista* acompanhou-os, não resta dúvida.

Hoje, o inverso está se dando em São Paulo, quando milhares e milhares de migrantes brasileiros, vindos de todos os pontos geográficos do Brasil para trabalhar nesta forja ciclópica que é a indústria paulista, estão trazendo aquela bagagem cultural onde a lenda se faz presente. É lenda cearense, maranhense, capixaba ou gaúcha a que registramos no barraco da favela onde mora o "pau-de-arara"?

Autores simplistas do passado afirmavam serem alguns aspectos da cultura produtos da natureza. Davam verdadeira ênfase ao ambiente natural. Este era um verdadeiro determinante. Aí reside o erro porque a natureza *condiciona* e não determina as ações humanas. Os elementos naturais que *condicionam* diretamente são relevo, solo, clima e os menos diretos como subsolo, reino vegetal e animal, isolamento e outros.

A natureza, em geral, condiciona limitando a cultura, e não a promovendo. Contatos com outras populações é que na realidade contribuem para incremento cultural. Talvez seja por esse motivo que se possam apontar algumas pequenas características diferenciadoras entre os homens do litoral e do interior, entre os portadores do lendário, dos mitos, das crendices aqui arrolados.

A antropologia nos leva a verificar que há algumas pequenas diferenças entre o homem *rural* e o *urbano*. Aquele tem uma vida mental intensa, repleta de crendices, de mitos e lendas.

O rurícola tem mesmo maior sensibilidade, qualquer coisa pode melindrá-lo. É desconfiado. E tal pode ser um obstáculo para a abordagem do pesquisador. Seu mundo mental é realmente diferente. O homem da cidade rege a sua vida pela rigidez dos ponteiros do relógio. O rurícola não. É dono de uma simplicidade, de um horário elástico que vai do nascer ao pôr-do-sol. O significado do ambiente precisa estar ligado ao elemento tempo, só assim se apercebe da realidade cultural.

Outro é o tipo de vida mental do homem da cidade. Anseios, desejos e sonhos diferem entre este e aquele. Falta-lhe tempo até para meditação.

O homem do beira-mar, onde a alimentação é mais fácil de ser obtida (na pesca), meios de comunicação facilitados pelo uso da canoa, tendo portanto maior comunicabilidade, têm maior espontaneidade, maior sociabilidade. O caiçara paulista é mais comunicativo, mais alegre, mais folgazão do que o caipira planaltino.

No interior, no serra-acima, dois tipos humanos podem ser apontados: morador do planalto propriamente dito e aquele que vive na região de relevo mais acidentado, na região serrana.

O homem do planalto, vivendo nas regiões mais ventiladas, acostumado a olhar a distância, é comunicativo quase como o litorâneo. Entretanto o que vive nas regiões das serras, onde o horizonte fica mais perto de si, e a terra parece confinar-se com o céu no cimo dos montes mais altos que o cercam, reduzindo assim o seu campo de visão, muitas vezes nasce, cresce, vive e morre sem conhecer o outro lado da serra. Possivelmente é por isso que crê que atrás dos morros existe o desconhecido. Povoa-se-lhe a mente de mitos, lendas, crendices, tornando o seu mundo mental mais rico: ali mora o boitatá; no tembé adusto que forma um paredão intransponível mora o saci-pererê.

Repetindo Basílio de Magalhães, "o mito é a transfiguração dos seres e fenômenos naturais em corpos inaturais e forças sobrenaturais", assim ordenamos entre os *mitos primários*: saci, mula-sem-cabeça, lobisomem, curupira, caipora.

Os mitos secundários *gerais* compreendem: boitatá, mãe de ouro, minhocão; e os mitos secundários *regionais*: corpo-seco, porca e os sete leitões, porco preto, cavalo branco, mão de cabelo, pisadeira, onça maneta, papa-fígado.

No lendário paulista arrolamos as *lendas do beira-mar* e as do *serra-acima* ou *planaltinas*.

Finalmente as crendices que acompanham o homem do berço ao túmulo.

Mitos

Mitos primários

Saci

Em São Luís do Paraitinga, o major Benedito de Sousa Pinto afirmou: "Conhecemos três espécies de saci: trique, saçurá e pererê. O saci mais encontrado por aqui é o saci-pererê. É um negrinho de uma perna só, capuz vermelho na cabeça e que, segundo alguns, usa cachimbo, mas eu nunca o vi. É comum ouvir-se no mato um 'trique'; isso é sinal que por ali deve estar um saci-trique. Ele não é maldoso; gosta só de fazer certas brincadeiras como, por exemplo, amarrar o rabo de animais."

"O saçurá é um negrinho de olhos vermelhos; o trique é moreninho e com uma perna só; o pererê é um pretinho, que, quando quer se esconder, vira um corrupio de vento e desaparece no espaço. Para se apanhar o pererê, atira-se um rosário sobre o corrupio de vento."

E mais uns informes sobre o saci: "Quando se perde qualquer objeto, pega-se uma palha e dá-se três nós, pois se está amarrando o 'pinto' (pênis) do saci. Enquanto ele não achar o objeto, não desatar os nós. Ele logo faz a gente encontrar o que se perdeu porque fica com vontade de mijar." (Amaro de Oliveira Monteiro.)

Quando se vê um rabo de cavalo amarrado, foi saci quem deu o nó. Tirando-se o gorrinho do saci-pererê, ele trará para quem lho devolva tudo o que quiser.

Quando passar o redemoinho de vento, jogando-se nele um garfo sai o sangue do saci. Outras versões: jogando-se um rosário o saci fica laçado; jogando-se a peneira, fica nela.

Mula-sem-cabeça

Moça solteira que tem relação sexual antes do casamento, ou comadre com compadre, mulher casada com padre, vira mula-sem-cabeça. Aparece na sexta-feira: para evitar que ela ataque é só esconder as unhas e os dentes.

Mula-sem-cabeça, quando encontra uma pessoa, chupa os olhos, as unhas e os dedos.

Passar correndo diante de uma cruz à meia-noite faz aparecer a mula-sem-cabeça.

Quando uma pessoa enxergar assombração ou mula-sem-cabeça, deve deitar-se de bruços e esconder as unhas, para não ser atacada.

A pessoa que enxergar alma do outro mundo ou qualquer outra visão não deve acender luzes ao chegar em casa. Deve esperar a luz do dia chegar.

Mitos secundários gerais

Onde mora o Boitatá

Mombocaba ou Mombucava foi porto de mar importantíssimo na Província de São Paulo. Dele partia a estrada Cesaréia atingindo Minas Gerais. O movimento das Alterosas era feito por este porto abandonado que hoje poucos o conhecem.

A estrada Cesaréia passava por São José do Barreiro, cortava o encachoeirado rio da Onça no Sertão dos Mineiros, bairro rural, onde parece que estão as quedas maiores dessa caudal de águas límpidas. Aí, à margem direita há uma caverna.

Ouvimos dizer que ali morava um boitatá. Percorremos trechos da estrada secular e fomos visitar a caverna de São José do Barreiro, em local de acesso difícil, cuja entrada larga fica voltada para o nascente. Desce-se para o seu interior onde há um salão de mais ou menos 600 metros de extensão, *onde mora o boitatá*, segundo afirmavam os caipiras que jamais ali entravam ou mesmo de onde nunca se aproximavam.

Antigo roceiro empregado da fazenda de Antônio Alves Salgado, o centenário Cesário Velho, alcunha de Cesário José de Carvalho, contou-nos que no tempo de dantes, quando desciam com o ouro para embarcar para Portugal, um dos encarregados da Colônia descaminhou as bruacas e arcas onde transportava o metal precioso. Entrou naquela gruta com oito negros escravos, seus comboieiros, mandou abrir uma cova, enterrou o roubo. Depois amarrou os negros com cipó-de-imbé, sangrando-os, seccionando-lhes a aorta desapiedadamente para que houvesse segredo. Há ali um "enterro", isto é, ouro enterrado.

O desalmado descaminhador nunca foi buscar o ouro tingido de sangue. "Quem sabe morreu", disse Cesário Velho. "Os moradores antigos daqui tinham razão. Afirmavam que naquela gruta mora o boitatá. Mora mesmo, porque na gruta há ouro enterrado, por isso a cobra-de-fogo guarda o lugar desse enterro. O boitatá faz um risco de fogo no céu, quando a noite é bem escura."

A Mãe-do-ouro

Em Ubatuba, Candinho Manduca, pescador do Perequê-açu, conta que viu a Mãe-do-ouro – uma grande bola de fogo – atravessar o céu de um canto a outro; saiu lá das bandas do rio Acaraú e foi cair no morro do Caruçu-mirim.

Outros caiçaras já viram, em noites escuras e sem estrelas, aquela bola incandescente fazer a curva no céu, caindo sobre o morro, indicando que ali há tesouro enterrado.

"E pode ser verdade", diz Candinho Manduca: "Ali na Prainha, no tempo de dantes, havia um casario rico e assobradado ladeando o trapiche. À direita do antigo trapiche há um túnel que atravessa o morro de lado a lado, desembocando na estrada do Perequê-açu. Na metade do túnel, há um salão, onde estão empilhadas canastras e bruacas cheias de ouro e pedras preciosas. Riqueza tirada das entranhas da terra mineira, das lavras e que se destinava ao reino, mas, aqui chegando, fora descaminhada. Era o contrabando."

"Houve algum contratempo, por isso o tesouro lá ficou escondido. Mas quem há de varar o túnel, moradia de cobras e de outros bichos peçonhentos, encostar-se naquelas paredes de umidade pegajosa e desmoronadas pelo tempo? Já tentaram, mas não tiveram coragem de chegar até o salão onde a riqueza está guardada. E ela ainda lá continua, pois de vez em quando há quem veja a *Mãe-do-ouro* riscando o céu e caindo onde está o tesouro enterrado."

Mitos secundários regionais

Corpo-seco

Cidade antiga como é, São Luís do Paraitinga tem suas lendas e mitos aos quais a repetição verbal vai dando permanência. Conta-se que, há mais de 50 anos, residia na cidade um português de nome Cabral, homem mau e dissoluto.

Sua casa ficava situada na saída da cidade, lá para os lados de quem vai para Ubatuba.

Era homem que não ajudava ninguém e procurava sempre amealhar fortuna sem ouvir as lamúrias e necessidades do próximo.

Certa vez, uns frades mendicantes bateram-lhe à porta e pediram-lhe uma esmola; ele fez ouvidos moucos, soltou seus cachorros em cima dos frades e maltratou-os, não lhes dando um vintém sequer. Os frades amaldiçoaram-no por ter negado a esmola.

Quando esse estrangeiro morreu, o cadáver virou corpo seco. Não podia ficar no cemitério e mandaram colocá-lo no alto da Terra Podre.

Dizem que esse corpo seco ainda está por lá e que aparece para as pessoas que atravessam aquela região à noite.

Porca e os sete leitões

É um mito que está desaparecendo, pouca gente o conhece. É provável que a geração infantil atual o desconheça. (Em nossa infância em Botucatu, ouvimos falar que aparecia atrás da igreja de São Benedito no largo do Rosário.) Aparece atrás das igrejas antigas. Não faz mal a ninguém, pode-se correr para apanhá-la com seus bacorinhos que não se conseguirá. Desaparecem do lugar costumeiro da aparição, a qual só se dá à noite, depois de terem "cumprido a sina".

Lendas

Lendas do beira-mar

Tiago, o negro do Corcovado

O outro Corcovado da Serra do Mar, sem a Guanabara aos seus pés, alteia seu vulto majestoso por entre os demais morros da cordilheira marítima, enfeitando com seu perfil alcantilado o beira-mar ubatubano.

Baliza no roteiro do viajor fatigado que, ao avistá-lo, senhor sobre as demais elevações circundantes, aviva as esperanças da próxima chegada – Ubatuba fica aos seus pés.

É o Corcovado onde Tiago, o escravo fiel, há dois séculos, pouco mais, aguarda a chegada de sua sinhazinha.

Um portuga rico, cansado de mercadejar com a carga humana, traficando negros d'África nos tumbeiros, resolveu acabar seus dias no Brasil, onde ganhara, "pelos bons serviços prestados à Coroa", uma sesmaria extensa, desde a praia até a serrania. Com ele viera o que restava de sua família, uma filha mui formosa. Trouxe também a escravaria para o trabalho no plantio da cana-de-açúcar e na dura labuta do engenho que por ali estabelecera.

Os anos foram-se passando. Eis que um dia, vindo de além-mar, desembarca em Ubatuba um jovem fidalgo de gentil aspecto que "vinha fazer América".

Enamorou-se perdidamente da filha do velho e rico fazendeiro. Este opôs-se ao casamento. Trancafiou-a na alcova onde ficou sob severa vigilância.

Tiago, que acompanhara sua iaiá desde os tenros anos de vida, vendo-a sofrer, tornou-se o estafeta, o moleque de recados. Os enamorados planejaram a fuga: quando o galo cantasse pela primeira vez, ela sairia.

Tiago recebeu todas as jóias de Mécia e, logo após as Ave-Marias, embrenhou-se pela mata e escarpas, e foi esperá-los lá no Corcovado.

O pai descobre a trama. O jovem fidalgo é assassinado. Mécia é levada para Portugal, e o perfil de Tiago, até hoje, quando as estrelas brilham mais intensamente no céu, se destaca a cavaleiro do morro: ali está o velho escravo na sua fidelidade infrangível, apoiado no bastão, pitando o seu cachimbo, esperando a chegada dos que fugiriam por amor.

As estrelas brilham por sobre a carapinha de Tiago e às vezes desaparecem, se escondem por entre as nuvens de fumaça quando ele tira uma baforada maior do seu pito de barro.

A gruta que chora

Os nossos índios desconheciam a existência do dragão; se havia algum ente fantástico, um gênio das fontes ou um inimigo dos caçadores, não passava de ipupiaras. Estas acabaram sendo tão fantásticas, assemelhando-se às hórridas serpentes, que a mente medievalesca fazia engolir os infiéis.

Certamente quem ensinou o medo aos povoadores destes chãos brasílicos foi o catequista. O jesuíta Fernão Cardim descreve até a maneira como esses duendes matavam a indiada irreverente.

Anchieta em 1560 referia-se a Igputiara, moradora das águas, comedora dos índios.

E esta lenda é uma história que se liga à história.

A gruta que chora fica na praia da Sununga, ali pouco adiante de Iperoig, nas terras dos tamoios, onde Anchieta foi refém.

Contam que todos os anos emergia do mar uma enorme serpente e só aplacava sua ira após ter engolido uma índia virgem, repasto opíparo, que a fazia voltar para as águas.

A indiada assustava-se sempre com a horripilante aparição.

Um dia, quando a serpente apareceu e a bugrada espavorida temia dar sua contribuição, um catequista que ali estava, de crucifixo em punho, enfrenta o monstro marinho, que, saindo d'água, refugiou-se para sempre naquela furna. (Repete-se o Teseu em terras paulistas.)

Hoje, quando alguém visita a furna da praia da Sununga, faltando com o respeito ao ambiente lendário, falando pouco mais alto, gotas d'água caem do teto – é *a gruta que chora*.

O fenômeno da permeabilidade da pedra, onde há estalactites, é interpretado pelo caiçara como *a gruta chora*, sim chora, são as lágrimas da serpente que o padre catequista aprisionou ali para sempre.

Lendas planaltinas ou do serra-acima

Alferes do diabo

No tempo triste da escravidão, quando o açúcar era a principal riqueza do vale do Paraíba do Sul e o café ameaçava tirar-lhe a primazia, como de fato fez, surgiu a lenda do *Alferes que tinha partes com o diabo*, porque, em tempo recorde para a época, ia de Taubaté ao Rio de Janeiro e regressava.

A lenda gira em torno de uma figura destacada, ascendente de João Ortiz Monteiro, que a narrou para que a registrássemos, o alferes Francisco Alves Monteiro, taubateano que esteve presente ao ato do Grito da Independência nas margens do Ipiranga.

Diziam que o alferes, ao sair na besta ruana com o escravo Leôncio Martinho, pajem fiel, entre a matalotagem levava uma garrafa onde estava preso o diabo. Dava para a besta beber o diabo e ela criava asas e ficava voadora. Levantava vôo ali no fim das suas terras no Aterrado. Saía naquela besta ruana ricamente aperada e nela voltava, tão depressa que proeza tal era só possível porque o alferes tinha partes com o diabo.

Na verdade, o escravo levava uma garrafa de cachaça para esfregar o líquido no lombo da mula quando ele e o animal ficavam na primeira "muda" a esperar o regresso do amo cavaleiro, em Guaratinguetá.

O alferes tinha uma resistência notável para viagens e além disso a rara capacidade de dormir montado no animal de sela. Saía de Taubaté, de sua fazenda do Aterrado, no caminho que liga Tremembé ao Pirapoama, na estrada de Campos do Jordão. Ia trocando de animal de sela e de pajem de pontos e pontos, viajando sem parar para dormir porque ele dormia montado. Assim, nos postos de remonta saía com novo pajem e novo animal vaqueano completamente descansados para uma longa estirada. Dessa maneira atingia rapidamente a Metrópole Imperial, realizava seus negócios e regressava tão logo que chegou a dar motivo para que se criasse uma lenda e, como afirma o saudoso Basílio de Magalhães, "o que caracteriza a lenda é a apoteose, ligada a proezas heróicas ou maravilhas supra-sensíveis".

Pai Jacó

O chicote de couro cru, cruel bacalhau nas mãos do feitor, cevou-se nas costas dos negros escravos, nestas plagas do vale do Paraíba do Sul. Primeiramente nas derrubadas das matas, açulando machadeiros e desbastadores de toras de madeira, depois cotidianamente nos eitos dos cafezais, nos enxadeiros.

Tão grande era a crueldade dos fazendeiros que mandavam seus feitores desalmados surrar a pobre criatura humana até ela morrer, tendo muitas vezes nos braços as algemas torturantes.

Conta-se que um desses fazendeiros de café, que depois foi agraciado com o título de barão pelo escravagista D. Pedro II, mandou surrar o negro de carapinha branca, o pai Jacó, como era conhecido, por causa de seus anos de cansaço e de labor.

Pai Jacó foi crudelissimamente vergastado pelo feitor sanhudo. Morreu com as algemas nos pulsos de machadeiro.

Conta a lenda que o "barão", ao passar por onde seu escravo fora sacrificado, ouviu uma voz dizer: "Num bate mais patrão, negro véio já morreu, é mió tirá as corrente pá preto véio subi pro céu."

Dizem os filhos da Candinha que o "barão" enlouqueceu por causa de ter ouvido o defunto já em adiantada decomposição falar.

Pode ser verdade, dizem uns. Pode ser também que a sífilis que deixa azul o sangue da nobreza cabocla o tenha enlouquecido, segundo afirmam os taubateanos mais velhos...

Crendices

Crendices ou abusões são explicações errôneas de fatos naturais. Agrupamos alguns abusões de acordo com as fases da vida do indivíduo, os acontecimentos fundamentais da vida humana, o homem do berço ao túmulo. Nestes abusões podem-se vislumbrar ritos produtivos, protetivos e outros, de medicina etc., acervo de práticas presentes no "mundo mental" de moradores da comunidade de São Luís do Paraitinga (SP).

Gravidez

Quando o marido tem dor de dente, sem razão de ser, é porque a mulher está grávida.

À mulher grávida que não quer sofrer as conseqüências da gravidez, enjôo etc., é fácil livrar-se disso: quando o marido estiver dormindo é soltar o hálito na nuca dele. O marido é que terá os enjôos.

A mulher grávida não deve carregar chave ou medalha no colo, pois a criança sairá com marca na pele.

Parto (cuidados com a parturiente)

A parturiente, para livrar-se logo, deve ficar de cócoras e assoprar uma garrafa. Deve também colocar um chapéu de homem (do marido) na cabeça, para ter bom e rápido resultado.

Uma comadre ou parente da parturiente, para abreviar os trabalhos, deve vestir roupa de homem e dar três voltas em redor da casa. Outra versão: essa pessoa bate palmas, pede "ô de casa". Entra e convida a doente para sair. Sai sozinha, dá três voltas em roda da casa.

Para dar à luz logo, devem dois homens segurar a parturiente pelas axilas e ela ficará de cócoras. O marido deve dar três voltas ao redor da casa, com um peso nas costas, para abreviar o parto.

Cuidados com a criança

Quando nasce a criança, defumar com arruda e pôr um galhinho atrás da orelha para curar mal-de-sete-dias (é ar). Para entrar no quarto é preciso esquentar as mãos senão arroxa o umbigo. Não entrar com cheiro de espécie alguma, principalmente cheiro de verdura. Pode dar o desando e a criança começará a evacuar verde.

Quando a criança nasce e não chora, bater pratos para acordá-la e fazer chorar.

CAPÍTULO X | Artes populares e técnicas tradicionais

Ao planejarmos este livro sobre a cultura popular, pensamos primeiramente em dividir o acervo de material recoltado em dois grupos: *cultura material* e *cultura não material* ou *imaterial* ou *espiritual*. Entretanto, ao analisarmos alguns fenômenos folclóricos, verificamos que ora poderiam ser enfocados sob um aspecto, ora sob outro. Abandonamos então tal classificação.

Nas páginas anteriores estudamos os mais variados aspectos da cultura espiritual com pequenas incursões nos domínios da cultura material. Todavia acreditamos seja este capítulo aquele no qual trataremos mais extensamente os fatos da cultura material em seus multifários aspectos.

As artes populares bem como as técnicas tradicionais são enfocadas, ora na doçaria, ora nas comidas típicas com suas receitas tradicionais guardadoras daquelas medidas de colher cheia ou rasa, de "pitadinhas" e "punhadinhos", de onças e libras, de "tiquinho" e pingos ou de "uma mão cheia" que davam com justeza um sabor inigualável muitas vezes não atingido pelas exatas determinações dos *gramas* da balança moderna, porque o fazer doces e comidas é uma verdadeira arte, que se valorizou com o aproveitamento dos produtos da nova terra ou já incorporados à mistura dos mil e um manjares que se operou na cozinha brasileira onde intervieram branco, negro e índio.

O escravo soube aproveitar as partes desprezadas pela sinhá-dona: beiços, pés, orelhas, rabo do porco, para fazer o prato inigualável, saboreado por todo brasileiro que se preza – a feijoada –, digno representante da arte culinária brasileira. Da casca da mexerica que se lançava fora a escrava preparou o licor de mexerica – verdadeiro néctar dos deuses... caboclos.

Comidas típicas e doçaria caipira

Comidas típicas paulistas

Estas comidas são de uma época tranqüila, em que a vida era também tranqüila.

Arroz com suã

Um suã de porco despojado das gorduras, cortado em pedaços, será temperado com sal, alho, cebola e cheiros-verdes. Frita-se o suficiente, ou melhor, até corar levemente e, a seguir, na própria panela onde está sendo frito, junta-se água e deixa-se cozinhar até ficar mole. Ajunta-se o arroz lavado ao suã, cozinhando tudo junto, tendo-se o cuidado de deixar o arroz mais ou menos mole. Quando secar a água, está pronto. E é mais gostoso quando o arroz com suã é feito em panela de barro, como recomendava vovó Olímpia Sousa Maynard, que nos legou a receita. O arroz mais gostoso é o pilado em pilão caseiro e não o que passou pelas máquinas de beneficiar.

Quibebe

Deve-se escolher uma abóbora bem enxuta e madura. Corta-se a polpa em pedaços, depois de tiradas casca e sementes. Ferve-se em pouca água porque a própria abóbora, vertendo suco, terá líquido para ajudar a cozinhar. Quando esta é bastante, escorre-se. Refoga-se com tempero, sal e bastante pimenta-do-reino. Há um toque bem paulista no quibebe, muito de acordo com o paladar planaltino tradicional: ajuntar-se uma boa colher de sopa de açúcar, preferivelmente o mascavo.

Buré

Sopa de milho verde, em que se coloca cambuquira ou couve rasgada. Rala-se o milho, tempera-se a sopa e, depois da primeira fervura, junta-se a cambuquira.

Furrundum

Doce de cidra misturado com rapadura é o delicioso furrundum. O mesmíssimo furrundu mato-grossense, que em vez de levar cidra é feito com mamão.

Jacuba

É feita de rapadura e farinha de milho. Dilui-se a rapadura n'água fria, mistura-se farinha de milho. Há também a jacuba feita com café que substitui a água.

Pau-a-pique

Bebida do ciclo junino em terras paulistas. À raiz de gengibre socada juntam-se punhadinhos de erva-doce, uns paus de canela, raspas de noz-moscada e duas ou mais cabeças de cravo-da-índia. Leva-se ao fogo e, depois da primeira fervura, ajunta-se à vontade açúcar. Ferve-se novamente. Coa-se, misturando-se cachaça à vontade. Guarda-se por uns três dias. Toma-se frio.

O pau-a-pique difere do quentão, que leva quase todos estes temperos, entretanto só é tomado quente e logo que sai fumegante da chaleira em que foi preparado.

Alguns pratos típicos mineiros

Em Minas Gerais os pratos típicos mais comuns são tutu de feijão com torresmo, picadinho de carne com quiabo e angu de fubá de milho.

Feijão tropeiro

Não é usado feijão preto, somente roxinho ou enxofre. Cozinha-se o feijão não muito mole, retira-se do fogo depois de cozido. Põe-se numa frigideira com gordura, esquenta-se bem, quebram-se sete ovos e mexe-se bem; afogando-se na gordura, vão-se virando para fritar até ficarem coradinhos, miudinhos. Toma-se cebola em cabeça e em folha, bem picada, e refoga-se com os ovos. Havendo muita gordura, retira-se um pouco para então colocar-se a cebola que deve ficar também frita. Pode-se, caso se queira, colocar carne frita picadinha (de porco ou de boi); escorre-se o feijão e afoga-se ali dentro, colocando-se tempero à vontade. Mistura-se tudo deixando dar uma fervura, quando então mistura-se farinha de mandioca (ou de milho).

Carne-de-sol no espeto

A carne do boi curraleiro é macia e trescala cheiro do campo, quando seca. Come-se assada no espeto.

Biscoito fofão

Na gamela coloca-se polvilho (goma de mandioca) e ovos. Doze ovos para um quilo e meio de goma. Mistura-se com a mão, depois vai-se colocando o líquido, ou seja, a gordura que foi derretida n'água onde se colocou um punhadinho de erva-doce e sal. Quando se quer que o fofão tenha queijo (daí também ser chamado pão de queijo), acrescentar um prato de queijo ralado. Amassa-se até o ponto de enrolar. Coloca-se em formas untadas e leva-se ao forno regular.

Comidas da região do boiadeiro

Farofa de banana

Os mato-grossenses, principalmente os cuiabanos, apreciam a farofa feita com bananas. Misturam farinha de milho (ou de mandioca) com uma banana especial, a conhecida banana-da-terra, que é o melhor acompanhamento para se comer um pacu frito, assado ou ensopado. Quando não existe o pacu, é substituído por bagre, dourado, pirapitanga, pintado jurupoca ou mesmo pacupeba.

Arroz com pequi

O pequi, usado para o famoso "licor de pequi cuiabano", é uma fruta espinhenta com a qual se tempera o arroz. É um prato delicioso, porém perigoso para quem tem preguiça de separar alguns espinhos que possam vir à boca do glutão.

Licor de pequi

Sábio aproveitamento do suco dessa deliciosa fruta que é o pequi.

Dentre os refrescos regionais há o *capilé de caju*, que se assemelha à cajuína alagoana até na maneira de prepará-lo.

Refresco típico mato-grossense é o feito com a pevide da melancia, a *orchata*. Trituram-se as sementes da melancia, deixa-se em repouso por algumas horas com o próprio suco que foi espremido, mistura-se água e adoça-se à vontade. Há os que o preferem enquanto fermenta. Neste caso, engarrafam e aguardam dez ou mais dias. Fermentado, é espumante.

O que se come em Alagoas

Em Piaçabuçu (AL), recolhemos algumas receitas culinárias.

Maçunim e sururu

Lava-se o maçunim quando vem da praia para tirar a areia e ajuntam-se: coentro, azeite doce, azeite-de-dendê, cebola, tomate, pimentão, limão, pimenta-de-cheiro, sal e leite de coco. (O leite de coco se obtém espremendo-se o coco ralado ou raspado.) Leva-se ao fogo, deixa-se secar um pouco. Querendo-se, pode-se fazer um "escaldado", pirão de farinha de mandioca, para se comer junto.

Sururu é de capote quando vai com a casca para a mesa. Come-se com pirão. Sem capote prepara-se da mesma maneira do maçunim.

O *maçunim* é comido fresco, torrado ou com unha.

Buchada

Dentre as comidas gostosas do Nordeste, a mais gostosa é, sem dúvida, a buchada. É o prato nobre, para os grandes acontecimentos. Comido por ocasião de casamentos e festas. A receita é: mata-se o carneiro. Colhe-se o sangue, põe-se sal. Cozinha-se o sangue. Escalda-se o fato e raspam-se as tripas bem raspadas. Lavam-se bem e picam-se em pequenos pedaços as tripas e um pouco do fígado. Mistura-se tudo. Junta-se tempero (tomate, cominho, pimenta, hortelã, segurelha, cebola, alho, colorau, pimentão). Mistura-se tudo com o sangue cozido. Deixa-se descansar para tomar tempero. Enche-se o bucho e costura-se. Deve-se encher muito bem para não entrar água e para ficar bem cozido. Mistura-se com o restante do fato (coração, fígado, língua). O rim não, porque este pertence à carne e não ao fato do animal. Deixa-se cozinhar bem e tomar cuidado para não queimar. Coloca-se um pires no fundo da panela para a buchada não queimar.

"Ao paladar gaúcho"

Comidas e bebidas ao paladar gaúcho: *churrasco*, *arroz-de-carreteiro*, *guisado de tropeiro*, *fervido* ou *puchero*, *espinhaço de ovelha*, *aves* (perdiz), outras caças (tatu-mulita), *chimarrão* e, agora, o *vinho* que o colono italiano introduziu. Nas sobremesas está presente o *leite* de mistura com produtos da terra bem cozidos (batata-doce, abóbora) e os famosos doces de Pelotas.

Churrasco

A matéria-prima é abundante e das melhores do Brasil – a carne bovina. "Almoçou no campo, comeu churrasco." Quando se vai *parar rodeio*, churrasco é o imperativo.

Há dois tipos de churrasco: o de *alimento*, que é ao ar livre, no galpão, no campo, na lide campeira; e o de *festa*, em casamento, aniversário, reunião política etc.

O homem gaúcho não cozinha; isso é trabalho de mulher. Mas churrasco quem faz é o homem exclusivamente. A mulher faz carne assada, a própria salada (batata cozida, tomate, cebola) para comer com churrasco, mas quem maneja o espeto é o homem. Churrasco não é comida de mesa, é de campo, e a carne preferida é costela ou qualquer outra onde haja osso. Tempero: água e sal antes de servir. Não raro come-se com farinha de mandioca. Ao fogo, no braseiro, a carne no espeto vai sendo virada até chegar ao ponto que se quer.

Arroz-de-carreteiro

Corta-se o charque gordo em nacos, frita-se bem e ajunta-se ao arroz, ao cozinhá-lo. A carne de vaca pode ser substituída por lingüiça de porco.

Fervido ou puchero

É o prato mais substancioso de todos ao paladar gaúcho. É uma espécie de sopa com muitos legumes juntos: batata-inglesa desfazendo-se, abóbora, batata-doce, couve e carne bem gorda, se desmilingüindo. Come-se com pirão de farinha de mandioca. O caldo é tomado separadamente. Come-se muito por ser prato leve e de "sustância".

Espinhaço de ovelha

Cozinha-se com batatas inglesas ao ponto de se desmancharem. O tutano e as cartilagens, o bom é procurá-los com os dentes. E para completar: não se usa faca nem garfo. Come-se com arroz.

Bebidas

A bebida do gaúcho por excelência é o chimarrão, tomado na cuia e pela bombilha ou bomba. Sobre a erva-mate em pó é colocado água fervente. Com água fria é tereré.

Graças ao uso do chimarrão, a cachaça foi pouco difundida na área campeira. Agora já se bebe muito vinho, influência da colônia italiana; a "dona" cachaça só tem vez quando de mistura com butiá, principalmente na festa das Melancias, em Porto Alegre.

Sobremesas

Leite com batata-doce, milho verde, mugango, abóbora-menina bem cozidos com açúcar. Barbosa Lessa aconselha tomar em prato fundo, com direito a repetição.

Leite com cuscuz – Este é preparado no bafo da chaleira: nada mais que um bolo de farinha de mandioca pura.

Vinho com arroz – Em vez do arroz-doce tradicional, põe-se vinho no lugar do leite. Receita dos italianos. Vale a pena experimentar. Deles também veio a receita do *tremilique*, gelatina feita com vinho.

Os portugueses legaram aos gaúchos os famosos doces de Pelotas: pastel de nata, pastel de Santa Clara etc.

Guisado de tropeiro

Carne bem cozida, desmanchando. Da água com que se cozinhou a carne prepara-se o pirão de farinha de mandioca. Come-se também com arroz.

TRAMAS E TECIDOS

Rendas e rendeiras do Ceará

Conceito

O entrelaçamento de fios, compondo um desenho sem haver um fundo de tecido adrede preparado, dá a renda. A ausência deste fundo desenhado distingue-a do bordado, que é o tecido ornamentado por fios, por meio de agulhas.

Na execução da renda não se usa agulha, e sim bilros. Alfinetes de cabeça, ou quase sempre o espinho de cardeiro ou mandacaru, têm apenas a função de segurar o fio no modelo (molde, cartão ou pique) e jamais o de tramá-lo, tal qual faz a agulha no bordado. A função de tramar, de *desenhar a renda*, é exclusiva do bilro; daí ser chamada *renda de bilro* ou *de almofada*.

As mulheres portuguesas aqui chegadas no tempo do Brasil Colônia legaram o artesanato cuja expansão se deve ao tempo de introdução. Daí a existência de rendeiras em várias regiões do Brasil: no Nordeste, no Sul, no Leste. Maior concentração delas é encontrada onde estiveram os açoreanos, como aconteceu no Ceará e Santa Catarina. É, pois, herança portuguesa o artesanato doméstico das rendas de bilro, lavor exclusivamente feminino da manufatura de *rendas* e *bicos*.

Labirinto

A introdução do *labirinto* ou *crivo* no Brasil só se pode atribuir ao povoador português. As mulheres portuguesas, tanto insulanas como peninsulares, conheciam tal lavor de agulha e linha, há muito realizado na Europa, tendo-o recebido talvez dos gregos ou dos etruscos, labirinto histórico no qual no momento não nos interessa entrar para saber detalhadamente a origem do artesanato do "lavirinto", como é popularmente pronunciado no Ceará. As dificuldades da execução justificam esse nome porque o artesanato em tela consiste em desfiar primeiramente a fazenda, para depois realizar o paciente e acurado trabalho de compor flores, frutos, animais, aves, letras e até paisagens adrede desenhados naquele incontável número de fios. Dá, mesmo, a idéia de um labirinto, pois só a habilidade – qual fio de Ariadne – permite à labirinteira completar o lavor, sair daquele dédalo depois de ter feito a bainha, engomado e passado a bela peça executada.

Fiandeira

No Brasil ainda encontramos duas maneiras tradicionais de fiar: com roca e fuso, ou, mais rudimentarmente, como fazem os índios, colocando o algodão (ou outra fibra, p. ex. o tucum) num varão perpendicular encostado numa parede e ali a mecha de fibra presa para ser fiada.

Neste tipo de fiar, a fiandeira vai pegando as fibras finas, juntando-as, e com uma primeira torcida do polegar e indicador vai fazendo "crescer" o fio. À medida que este vai crescendo, é enrolado num fuso, girado rapidamente pela fiandeira que, usando polegar, indicador e médio aplicados na ponta superior (do fuso), imprime-lhe rotação da esquerda para a direita, rodando-o como um pião preso ao fio que vai torcendo, cochando, e no corpo (haste do fuso) vai enrolando (o fio pronto), formando a maçaroca.

Da maçaroca o fio é tirado e enrolado em novelo, pronto assim para o trabalho a ser feito.

Rede de dormir

A indústria de tecelagem cearense tem permitido a permanência e difusão maior desse traço cultural ameríndio – a rede de dormir.

As redes de dormir no Ceará são feitas exclusivamente em teares manuais. Tentou-se a mecanização desses teares, porém os resultados foram desfavoráveis. Pela primeira vez a máquina moderna é posta de lado pela maquinaria de antanho, toda feita de madeira por simples carapinas e curiosos. Os teares são feitos para produzir os panos de rede: uns de um pano, outros de dois, e outros de três. No interior há maior número de teares pequenos, isto é, estreitos. A lançadeira de "chicote", usada quase sempre manualmente, está de acordo com o tamanho do tear. "Chicote" é o conjunto de puxar a corda para tecer.

Num tear são encontradas as seguintes peças: rodo ou bobina, pente, lançadeira (dentro da escápula), caixa da lançadeira, liços de abrir o fio, pedal ou pisadeira. O fio, antes de entrar no tear, passa pela urdideira, cuja quantidade determinará o tamanho da rede, o comprimento. Além do pano, é necessário fazer as outras partes, que nem sempre é o tecelão que as executa, e sim uma outra pessoa: punhos, manocabo ou mamucaba, varanda, cachorro de rede, trança, caréu e trancelim. Da confecção dessas partes da rede origina-se a divisão de trabalho: homens fazem a tecelagem, e mulheres, o acabamento. Homens fazem o pano da rede, e as mulheres, o manocabo, punho, varanda, cordões. Esta divisão de trabalho certamente contribui para que haja especialização; assim é que é fácil encontrar homens dedicados exclusivamente ao trabalho de tecer e mulheres especializadas em fazer os acabamentos.

Cestaria

A arte de trançar é encontrada entre os povos pré-letrados. Vários tipos de cestas os ameríndios faziam, sendo o trançado conhecido por várias tribos brasileiras. Certamente os cesteiros atuais herdaram as técnicas dos autóctones e receberam as influências de outros povos formadores de nossa nação.

Possivelmente as variações e tipos da cestaria se dêem graças às influências geográficas, tipo de material disponível e principalmente de acordo com o que vai ser transportado. O espaçamento maior ou menor do teçume está relacionado com o que será o conteúdo da cesta a se fazer. Assim, para o transporte de grãos, o trançado será muito justo; já para o transporte de mandioca em rama, poderá haver maior espaçamento. A função estará de acordo com o maior ou menor espaço entre as talas do trançado.

A cesta, o balaio, o jacá, o samburá, a peneira, têm um largo emprego desde as capitais ao interior do país. São objetos indispensáveis para o transporte de pequenos pacotes, auxiliar inestimável da dona-de-casa para trazer as compras do consumo doméstico, para o agricultor, para o comerciante.

A cestaria é um dos artesanatos mais difundidos e praticados no Brasil graças à abundância dessa gramínea, o bambu, que, de acordo com a sua grossura, é chamado taquaruçu, taquara, taquara-poca, taquari, taboca. Cada uma dessas taquaras se destina a um determinado tipo de peça a ser feito. Assim, o taquaruçu, ou simplesmente bambu, é utilizado para fazer bicas e calhas para escorrer água; a taquara, para fazer cestos, esteiras, esteiras para forrar casa ou usar nos carros de bois; taquari, para fazer gaiolas, taboca para foguete, para ripar casa e para apanhar olho de carnaúba, para fazer pífanos. A taboca é leve, resistente e de grande comprimento.

Caçuá

O jumento proporciona ao nordestino e destacadamente ao cearense o mais barato e melhor meio de transporte para a região, porque no *caçuá* – cesto feito de cipó (ou talo de carnaúba) –, que aos pares é colocado sobre a cangalha no lombo desse pequeno asinino, vence as distâncias, atravessa o pedeplano, serpeia pelas chapadas, transpõe Araripe, Apodi, Borborema, Ibiapaba, vence o areal litorâneo com as mais variadas cargas.

O jegue, que o povoador trouxe e a capacidade inventiva do brasileiro colocou sobre ele o caçuá, tornou-se característico na paisagem nordestina, mesmo nas grandes capitais, como Salvador, Recife, Fortaleza e Natal. Sobre a cangalha do jegue vão todos os demais implementos usados para transportar: ora é cambito, ora é caçamba, ora é caixão, ora são ancoretas d'água, e, as mais das vezes, o caçuá.

CERÂMICA E MODELAGEM

Embora em quase todo o Brasil se encontrem oleiros fazendo peças de cerâmica utilitária e figureira, ela é mais expressiva em alguns pontos do Nordeste, Centro e Sul. Do Norte apontamos, embora pouco representativa, a de Belém do Pará, vendida no Ver-o-peso e, anote-se, somente a utilitária.

Na cerâmica *figureira* do Nordeste pode-se notar a cor terrosa das peças feitas na Paraíba e Pernambuco; mais desbotadas são as do Rio Grande do Norte; as de Aimoré, podemos dizer que são brancas, vendidas no mercado do Alecrim de Natal; as do Ceará são de um vermelho quente.

Na região do vaqueiro dominam os trabalhos do saudoso mestre Vitalino, seu filho Manuel e Zé Caboco da "escola de Caruaru". Severino de Tracunhaém, com sua cerâmica vidrada e repleta de motivos religiosos. Já os artesãos de Goiana se dedicam a moldar tipos populares.

Não se deve olvidar a fabulosa cerâmica de carrapicho, nas margens do rio São Francisco, em Sergipe. Traipu, cidade alagoana fronteiriça deste último povoado beiradeiro, é também grande produtora de cerâmica utilitária. Esta recebeu larga influência dos índios cariri ali aldeados; são mais paneleiros do que figureiros.

Merece destaque a cerâmica de carrapicho porque tanto a utilitária como a figureira ocupam as mãos de quase todos os moradores daquele povoado ribeirinho.

Na cerâmica *utilitária* do Centro, a de Maragogipinho, no Recôncavo Baiano, coloca-se no mesmo plano artístico da cearense, porém em quantidade muito maior. A "miuçalha" figureira e os caxixis, miniaturas da louça utilitária baiana, não são expressivos; são de artesanato em plena decadência. Destacam-se os trabalhos de Cândido com seus exus. Além de outros fatores, na Bahia a cerâmica utilitária é largamente produzida por causa do culto afro-brasílico-católico do candomblé.

Na cerâmica do sul, além da paulista (os moradores de Queluz eram conhecidos por paneleiros), aponta-se a catarinense, em vias de desaparecimento. As poucas peças de figuras antropomórficas e zoomórficas dos *barristas* vêm de São José, município próximo de Florianópolis. A cerâmica *utilitária* que os açoritas implantaram foi sufocada, como nos demais lugares que o progresso bafejou, pelos utensílios de alumínio.

XILOLOGIA

Jangada cearense

A introdução da jangada e seu uso em águas brasileiras deve-se ao povoador português. O índio usava a igarapeba, um ajoujo de madeiras leves, para travessia de rios, e também a ubá. Esta até nossos dias ainda é usada por pescadores, principalmente na região Sul do Brasil. Na ubá os índios navegavam quer n'água doce, quer no mar. Nela até de guerra participavam. Traço indígena que até hoje se conserva é a maneira de os caiçaras remarem na canoa; fazem-no como os índios – em pé.

As condições eólicas, plataforma marítima e outras peculiaridades do Nordeste brasileiro possibilitaram aí, e não no sul, a adoção e uso da jangada, oriunda da Ásia, utilizada exclusivamente na haliêutica, razão pela qual o jangadeiro sempre se diz *pescador*. Nós outros é que o chamamos de jangadeiro.

Carro de bois

O primeiro veículo que sulcou a terra virgem do Brasil foi o carro de bois. Trabalhou para a paz e para a guerra. Ele também fez a grandeza do Brasil, e o carreiro é o soldado desconhecido da batalha econômica brasileira.

Quando botavam fogo nos engenhos setecentistas, já madrugava nas estradas o carro com os pacíficos bois carreiros.

Na guerra foi o soldado sem soldo, levando peças pesadas de nossa artilharia. Serviu a Garibaldi, serviu a Henrique Dias, e foi na Retirada da Laguna que ele esteve presente, quando da Guerra do Paraguai.

Muita poesia, muita coisa foi dita sobre o carro de bois. Bernardino José de Sousa escreveu precioso livro, hoje considerado obra clássica sobre o assunto.

Nos contos, nas modas de viola e até nas adivinhas está presente o carro de bois, e nosso caipira se aproveita de seus fueiros, argolões, cruzetas, chumaços para dificultar a pergunta.

Há quase quatro séculos ele trabalha. E trabalha, embora no Brasil o progresso seja tão vertiginoso, que saímos do carro de bois para o avião, encontramo-lo ainda a gemer pelas estradas da vastidão brasileira.

Xilogravura

A literatura de cordel suscitou no Nordeste oriental o artesanato da gravura, da xilogravura. E ela vingou porque encontrou o cajá, madeira também usada largamente na escultura popular de imagens, de ex-votos, pelos imaginários.

Não se pode afirmar com certeza qual a origem, em que fonte estes gravadores populares se abeberaram, para, na atualidade, continuarem, por mais de um século, com a vitalidade que apresentam no Nordeste brasileiro, possivelmente caso único no mundo, produzindo os mais variados tipos de ilustração para a literatura de cordel.

Sendo um fato folclórico nordestino, pode ter recebido influência portuguesa, holandesa e até francesa, mas do que não resta dúvida é da presença dos catequistas, dos religiosos que, com seus santos, estampas de cenas bíblicas, influíram na mente do gravurista. Os monstros, o demônio (Cão), têm muito da descrição que o padre fazia desses mitos perseguidores daqueles que pecassem.

Figuram também nas xilogravuras os elementos que rodeiam os artesãos do cajá: cantadores, vaqueiros, cangaceiros, bois, aves e animais da nossa fauna e da alienígena. Há muito leão copiado de gravura de livros.

Houve um período em que a xilogravura se enriqueceu largamente com os cangaceiros, dando ao artista popular oportunidade para explorar o assunto graças à sua riqueza plástica. A indumentária do cangaceiro serviu de pábulo para gravadores como José Pereira da Silva, Manuel Apolinário, Enoque José da Silva, documentando detalhadamente o traje e armas do facinoroso Lampião.

Os gravadores populares retrataram largamente o boi: primeiramente o tucura pequenino, agora os grandes zebus que estão melhorando o plantel nordestino.

Da coleção de gravuras de nossa iconoteca, entre os muitos anônimos há as de Enoc, Damásio, João Pereira da Silva, Manuel Apolinário, Severino Marques de Sousa, Severino Gonçalves de Oliveira, Lucena, José Ferreira da Silva, Manuel Serafim, Vivi, Zé Caboclo, Miguel Cabeção e José de Sousa.

A adoção do clichê de zinco na literatura de cordel decretou a morte de um dos únicos artesanatos do mundo – o dos gravadores populares do Nordeste brasileiro.

Pau-para-toda-obra

Conheço o pau pela casca,
a mulher pela feição,
eu sei, olhando a fumaça,
que pau que deu o tição.

TRAÇÃO I. 1, *Casa de pau-a-pique, coberta de palha de coqueiro (ou de sapé)*. 2, *Casa de sopapo ou barro*. 3, *Casa de tábua da região da ubá*. 4, *Rancho de praia para guardar a ubá, barco de pesca*.

Ilustração II. 1, *Casa palafítica do Amazonas*. 2, *Carro de bois tipo mineiro (zona montanhosa de M Gerais)*. 3, *Vara e aguilhão para tanger boi de carro*.

ILUSTRAÇÃO III. 1, *Porta de sobradão antigo da região cafeicultora*. 2, *Frade de madeira para amarrar animal* [...]la. 3, *Almofada de porta*. 4, *Cachorro de beiral*. 5, *Detalhe do portal*.

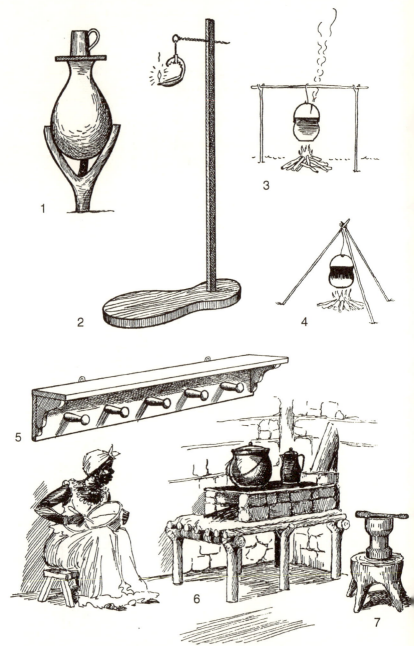

ILUSTRAÇÃO IV. 1, *Cantareira (forquilha para cântaro)*. 2, *Mancebo para candeeiro*. 3, *Fogão de forqui* 4, *Fogão de bivaque (ou de tropeiro)*. 5, *Cabide*. 6, *Fogão sobre jirau ou fogão de estandaque*. 7, *Cepo para tar carne e pilãozinho de triturar sal, alho e pimenta-do-reino*.

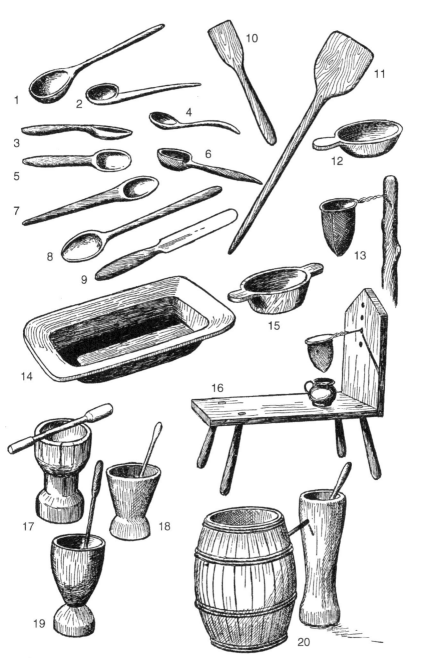

STRAÇÃO V. 1 a 8, *Colheres de pau*. 9, *Espátula*. 10, *Pá para manteiga*. 11, *Pá para mexer doce de tachada
para fazer angu de fubá*. 12 e 15, *Gamelinhas de cabo*. 13, *Suporte para coador de café*. 14, *Gamela*. 16,
sa para coar café*. 17 a 19, *Pilões para semente (o n.º 17 especialmente usado para fazer paçoca)*. 20, *Pilão
a preparar azeite de mamona. O óleo escorre para a barrica*.

Ilustração VI. 1, *Sarilho de poço (de forquilhas)*. 2, *Picota para tirar água de cisterna*. 3, *Sarilho coberto p[ara] tirar água de poço*. 4, *Coradouro para estender roupa ensaboada*.

TRAÇÃO VII. 1, *Moinho de vento, comum no Ceará*. 2, *Cambau para obstar animal varador de cerca*. estiladeira de cinza para preparar a decoada para fazer sabão.

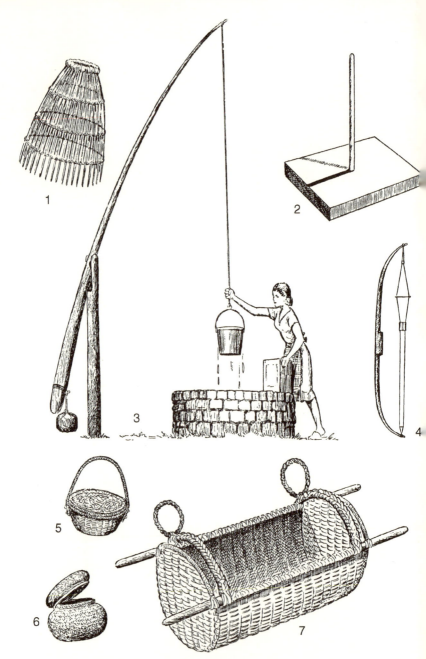

ILUSTRAÇÃO VIII. 1, *Covo usado no Baixo São Francisco para pesca da vazante das cheias*. 2, *Relógio de 3, Cegonha para tirar água de cisterna*. 4, *Bodoque*. 5 e 6, *Cestinhos de taquara*. 7, *Caçuá cearense*.

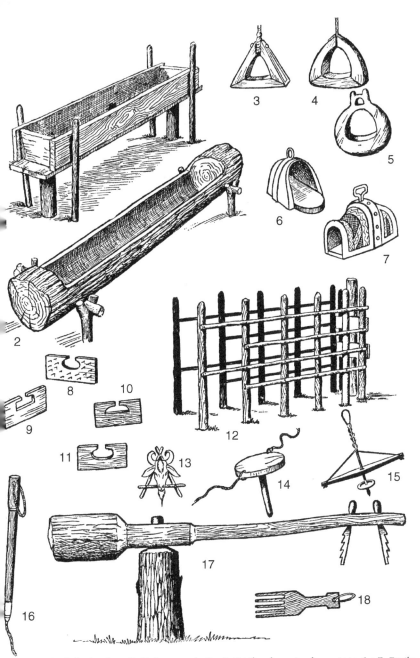

TRAÇÃO IX. 1, *Cocho de tábuas*. 2, *Cocho escavado*. 3 a 5, *Estribos de arreios de montaria*. 6 e 7, *Estribo caçamba*. 8 a 11, *Tabuletas para desmame de bezerros. Barbilho*. 12, *Tronco para tosar, para lides pastoris. Cambau*. 14, *Banquinho para ordenhador de vacas leiteiras*. 15, *Furadeira*. 16, *Cabo de relho*. 17, *Canga tória para amansar boi de carro*. 18, *Pente para crina de animal*.

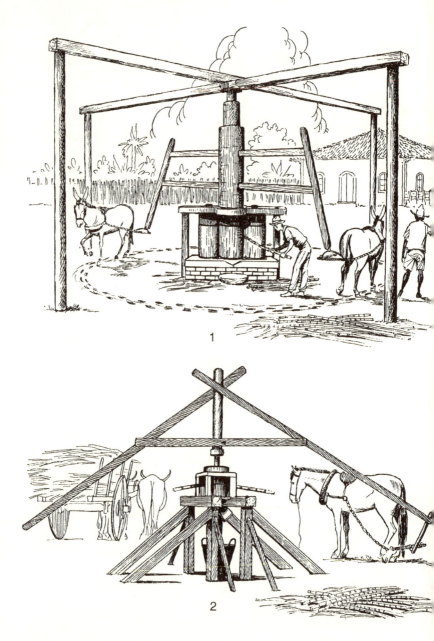

Ilustração X. 1, *Engenho de porteira dupla. Moenda de três tambores verticais.* 2, *Moenda de triângulo, a ção animal.*

ILUSTRAÇÃO XI. 1, *Pari para pesca de cachoeirinha*. 2, *Descalçador de botas*. 3, *Trapiche para as fôrmas do pão-açúcar nos engenhos*. 4, *Manjedoura para capim*. 5, *Batedeira para bolos*. 6, *Gancho*.

Ilustração XII. 1, *Monjolo de martelo, movido a roda d'água.* 2, *Monjolo de rabo.*

TRAÇÃO XIII. 1, *Monjolo de pilão. Pilão d'água (Paraná)*. 2, *Monjolo. Pasmado*.

ILUSTRAÇÃO XIV. 1, *Ralador de mandioca da região da ubá. Sob a mesa do ralador, o gamelão onde cai m* (mandioca ralada). 2, Roda e catitu para ralar mandioca (Alagoas). Roda de veio.

TRAÇÃO XV. 1, *Engenhoca, descaroçador, moenda caseira*. 2, *Pilão setecentista*. 3, *Prensa usada na casa de ha e também no preparo de cera da carnaúba (Ceará). Prensa de fuso*.

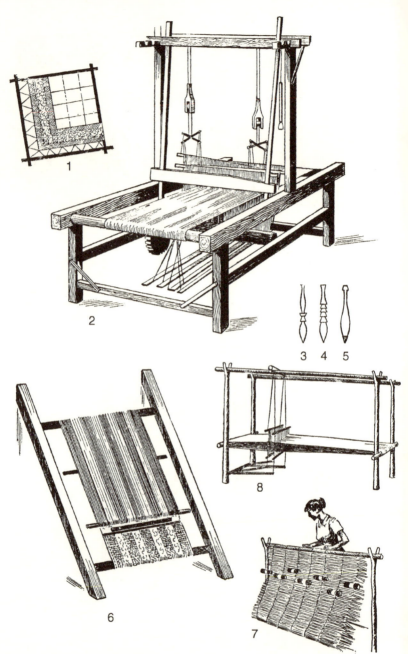

ILUSTRAÇÃO XVI. 1, *Tear ou quadro para crivo ou labirinto*. 2, *Tear para rede. Tear sorocabano*. 3 a 5, B para renda de almofada. 6, *Tear andino (Várzea Grande, Cuiabá, Mato Grosso) (redes lavradas)*. 7, *Tear p esteiras de taboa ou piripiri do brejo*. 8, *Tear para rede (Ceará, sul de Minas Gerais)*.

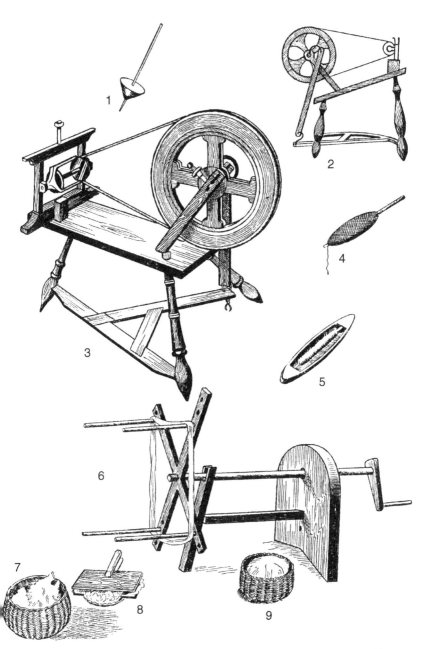

ILUSTRAÇÃO XVII. 1, *Fuso*. 2 e 3, *Roca mecânica ou fuso de roda ou roda de fiar (Franca, São Paulo)*. 4, *Fuso a fio*. 5, *Naveta de tear*. 6, *Dobadoura*. 7 e 9, *Balainhos para algodão ou lã cardados*. 8, *Cardadeira*.

ILUSTRAÇÃO XVIII. 1, *Alçapão para ave canora*. 2, *Chiqueiro para caçar pequenos animais silvestres*. 3, *Araca*. 4, *Mundéu com fojo*. 5, *Esparrela ou laço de vara*. 6, *Mundéu para "caça grossa"*.

TRAÇÃO XIX. 1, *Canoa e covos de taquara*. 2, *Agulha (ou navete) para fazer redes de pesca*. 3, *Cesto para* e. 4, *Covo de taquara*. 5, *Cerco ou curral para peixe*. 6, *Samburá para peixe*. 7, *Cuia ou meia cabaça*.

ILUSTRAÇÃO XX. 1, *Jangada cearense*. 2, *Rolos*. 3, *Remo de governo*. 4, *Toaçu*. 5, *Samburá*. 6, *Os paus da gada: dois do meio, dois bordos e duas mimburas*. 7, *Tranca*. 8, *Remos de mão*. 9, *Linha de fundo*. Saçanga. Bolina. 11, *Marmita ou caldeirão*. 12, *Samburazinho*. 13, *Banco de vela e mastro (jangada vista de frente)*. Quimanga ou timanga. 15, *Colher de pau*. 16, *Bicheiro*. 17, *Cuia de vela*. 18, *Araçanga*. 19, *Ancoreta ou para água doce*. 20, *Corda da fateixa*.

ESTAMPA XXI. 1, *Preparando a ubá, canoa monóxila*. 2, *Ubá ou canoa de pesca (taparica do Baixo São Francisco)*. 3, *Canoa de casca (mais usada pelo índio)*. 4, *Carranca dos barcos do Médio São Francisco*.

ILUSTRAÇÃO XXII. 1, *Eixo fixo às rodeiras do carro de bois*. 2, *Carro de bois*. 3, *Canga e canzis*. 4, *Surrã palha de carnaúba*. 5, *Cangalha*.

ILUSTRAÇÃO XXIII. 1, *Perna de pau* – implemento da lúdica infantil. 2, *Pau-de-arara*. Estafeta nordestino ao vol- do sertão trazendo os psitacos para vender. 3, *Perna de pau*. 4, *Muleta*. 5, *Pau-de-sebo*. 6, *Caranguejeiro*.

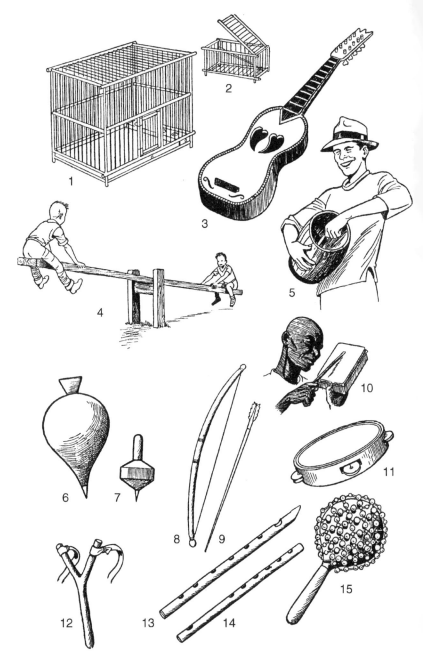

ILUSTRAÇÃO XXIV. 1, *Gaiola de taquara*. 2, *Alçapão para ave canora*. 3, *Viola caipira*. 4, *Gangorra*. 5, *Pu* 6, *Pião*. 7, *Piorra*. 8, *Arco*. 9, *Flecha*. 10, *Adufe*. 11, *Pandeiro*. 12, *Gancho ou cabo de estilingue ou balade* 13, *Flautim de taquara*. 14, *Pífaro ou pifano ou taboca*. 15, *Afoxê ou piano de cuia*.

ÍNDICE DE FOTOS

Irmãos-da-canoa do Tietê | Marinheiros do Divino 14
Batelão do Divino | Dois meninotes cumprem promessas 14
Irmãos-da-canoa (mirins) | Irmãos-da-canoa do rio abaixo 14
Rainha da Festa de São Benedito 15
O séqüito real acompanha o rei quando vai buscar a rainha 15
Flagrantes do bailado popular realizado em Ilhabela 16
Pintura popular de um quilombo 16
Viola e mochinho | Canturião, segunda e violeiro 17
O canturião e o tocador de pandeiro 17
No terreiro de candomblé de João Baiano 18
O autor adquirindo a literatura de cordel 19
Terno de zabumba 19
Rendeira expondo seu lavor 20
Rendeira de Paracuru 20
Cerâmica numa feira nordestina 21
Artesão tecendo um caçuá de cipó 21